POÉTICAS
ROMÂNTICAS
INGLESAS
WORDSWORTH · HAZLITT · SHELLEY · STUART MILL

POÉTICAS ROMÂNTICAS INGLESAS

WORDSWORTH · HAZLITT · SHELLEY · STUART MILL

ORGANIZAÇÃO, TRADUÇÃO, APRESENTAÇÃO E NOTAS
Roberto Acízelo de Souza

Copyright © Roberto Acízelo Quelha de Souza
Copyright da edição brasileira © 2017 Editora Filocalia

Editor
Edson Manoel de Oliveira Filho

Produção editorial
Editora Filocalia

Capa, projeto gráfico e diagramação
Nine Design Gráfico | Mauricio Nisi Gonçalves

Preparação de texto
Geisa Oliveira

Revisão
Fernanda Simões Lopes

Imagem da capa
Autumn Landscape (circa 1827-1828), de Thomas Cole (1801-1848)

Reservados todos os direitos desta obra. Proibida toda e qualquer reprodução desta edição por qualquer meio ou forma, seja ela eletrônica ou mecânica, fotocópia, gravação ou qualquer outro meio de reprodução, sem permissão expressa do editor.

CIP-Brasil. Catalogação na Fonte
Sindicato Nacional dos Editores de Livros, RJ

P798
    Poéticas românticas inglesas : Wondsworth / Hazlitt / Shelley / Stuart Mill / organização Roberto Acízelo de Souza. - 1. ed. - São Paulo : Filocalia, 2017.
    168 p. ; 21 cm.

    Inclui bibliografia
    ISBN 978-85-69677-19-2

    1. Poesia inglesa - História e crítica. I. Souza, Roberto Acízelo de.

17-46802
        CDD: 821
        CDU: 821.111-1

18/12/2017   18/12/2017

Editora Filocalia Ltda.
Rua França Pinto, 509 · São Paulo · SP ·04016-002 · Telefax: (5511) 5572 5363
atendimento@filocalia.com.br · www.editorafilocalia.com.br

Este livro foi impresso pela Paym Gráfica e Editora em março de 2018. Os tipos são da família Minion Pro e Avenir Next. O papel do miolo é Pólen Bold 90 g, e o da capa, cartão Ningbo C2 250 g.

A poesia é o transbordar espontâneo de poderosos sentimentos; tem origem na emoção rememorada em tranquilidade.

WORDSWORTH

A poesia, na sua matéria e forma, consiste em imagens ou sentimentos naturais, combinados com paixão e fantasia.

HAZLITT

A poesia descerra o véu da beleza oculta do mundo e faz com que objetos familiares se apresentem como se não o fossem; recria tudo o que representa.

SHELLEY

A poesia é sentimento confessando-se de si para si, em momentos de solidão. Toda a poesia é da natureza do solilóquio.

STUART MILL

SUMÁRIO

Apresentação | 9

Critérios das Traduções e da Edição | 25

1. Prefácio [à segunda edição das *Baladas Líricas*]
William Wordsworth | 29

   Apêndice ao Prefácio [à segunda edição das *Baladas Líricas*]
William Wordsworth | 57

2. Sobre a Poesia em Geral
William Hazlitt | 67

3. Defesa da Poesia
Persy Bysshe Shelley | 97

4. O Que É Poesia?
John Stuart Mill | 139

Notas Biográficas Sobre os Autores | 157

Bibliografia | 161

APRESENTAÇÃO

1

Na língua inglesa, a primeira ocorrência documentada do adjetivo *romântico* (*romantic*) data de 1674 (Wellek, [197?], p. 120). Aplicava-se a palavra, do mesmo modo que sua equivalente em francês (*romantique*), a propósito de narrativas medievais em prosa ditas *romances*, bem como em relação a poemas épicos derivados dos temas dessas narrativas, casos de *Orlando Furioso* (1516) e *Jerusalém Libertada* (1581), respectivamente de Ariosto (1474-1533) e Tasso (1544-1595). Assim, para uma compreensão mais precisa desse significado seiscentista do termo – e da sua derivação para o significado corrente atual –, não será ocioso reconstituirmos a origem do substantivo *romance*. Vejamos, do modo mais sintético possível, os estágios desse processo.

Em latim, do nome *Roma* se deriva o adjetivo *romanicus*, isto é, "de Roma"; este adjetivo, por sua vez, permite a formação do advérbio *romanice*, ou seja, "romanamente", "à maneira romana", "conforme Roma". Era corrente, pois, em latim, a expressão *romanice loqui*, que literalmente significa "falar como um romano, romanamente". Esta expressão, no latim tardio da Idade Média, aplicava-se às diversas variantes regionais e populares da antiga língua de Roma, e acabou se reduzindo ao advérbio, que, substantivado e foneticamente alterado, resultou na palavra *romance*. Na origem, portanto, *romance* designa uma língua, donde frases como "falar em romance", ou "falar romance", isto é, exprimir-se num dialeto popular derivado do latim. Por fim, o vocábulo, por extensão, passou a designar também um gênero literário, constituído por narrativas em verso ou em prosa escritas em romance.

De *romance*, por conseguinte, no sentido de narrativa de extração medieval, ou seja, escrita em falar medieval e versando temas da cavalaria andante, deriva o adjetivo *romântico*, que, como vimos, surgindo no século XVII, aplicava-se então genericamente a manifestações literárias percebidas como alheias aos modelos antigos greco-latinos. Tais manifestações, que o renascimento, no seu culto à Antiguidade, considerava primitivas e toscas, vão aos poucos ganhando espaço, até acabar revelando sua correspondência com valores da modernidade emergente: o direito à subjetividade e à violação de convenções; a precedência do nacional sobre o universal; as fontes populares como fundamento da cultura. Assim, a palavra *romântico* identifica-se com o polo *moderno* da então corrente dicotomia *antigo/moderno*, a qual, na passagem do século XVIII para o XIX, será atualizada em novos termos, dando origem ao par de conceitos *clássico/romântico*, habilitando-se assim para nomear grupos de escritores contemporâneos de tendências anticlássicas e modernizantes. Com isso, criam-se as condições para, a partir de *romântico*, chegar-se ao derivado *romantismo*, documentado por volta de 1820 (Wellek, [197?], p. 120), e que, como o contraste clássico/romântico constituía uma tipologia de estilos históricos, designa inicialmente um período da história literária, mas logo também um período da história das demais artes (especialmente música e pintura), do pensamento filosófico e da cultura em geral.

Embora repleto de diferenças segundo os vários países pelos quais se difundiu, e também conforme a orientação individual dos diversos escritores inscritos nos seus quadros, em linhas gerais, o romantismo se definiu como rejeição das grandes diretrizes literárias clássicas: em vez do equilíbrio entre engenho e arte, a hipertrofia do engenho, renomeado *gênio* no vocabulário romântico; no lugar do princípio da imitação de modelos coletivos chancelados pela tradição, a ideia de criação individual, *ex nihilo* e não repetível; como alternativa a padrões de gênero, formas literárias flexíveis ou sem precedentes; em substituição à noção de decoro – isto é, conformidade às regras específicas de cada gênero –, o conceito de autenticidade emocional como critério de julgamento; em vez de universalismo, ênfase no local e no particular.

Na Inglaterra, tendências românticas já se vinham manifestando na poesia desde meados do século XVIII, em obras propriamente autorais, como as de Edward Young (1638-1765), Thomas Gray (1716-1771) e William Blake (1757-1827), bem como numa espécie de arqueologia da primitiva cultura poética inglesa, configurada nas versões livres de baladas populares tradicionais feitas por Thomas Percy (1729-1811), na pseudotradução dos poemas ossiânicos elaborada por James Macpherson (1736-1796) e nos poemas de Thomas Chatterton (1752-1770) falsamente atribuídos a certo monge britânico que teria vivido no século XV. Afirma-se, porém, como grupo e movimento, no início do século XIX, com os *poetas dos lagos* (assim chamados por terem vivido e se inspirado no Lake District, região noroeste da Inglaterra famosa por sua paisagem "poética"), entre os quais sobressaíram William Wordsworth, Samuel Taylor Coleridge (1772-1834) e Robert Southey (1774-1843). Seguirá seu curso ainda no que se pode considerar uma segunda geração romântica, integrada por Lord Byron (1788-1824), Percy Bysshe Shelley e John Keats (1795-1821), e que, conforme os esquemas da historiografia literária, encerrará o ciclo romântico da poesia inglesa.

2

Classificamos como *poéticas* os textos reunidos neste volume, decisão que recomenda um esclarecimento. A palavra, como se sabe, é a substantivação do adjetivo que figura na expressão *arte poética*, expressão da qual se tornou a forma reduzida corrente. Arte poética – ou simplesmente poética –, contudo, é gênero clássico, e não romântico. Constituía-se de tratados sobre a poesia – seu conceito, origens, funções, modalidades, critérios de apreciação – situados entre a gratuidade especulativa e o empenho prescritivo, dos quais o mais antigo preservado é o de Aristóteles (384-322 a.C.) Originário, pois, da Grécia clássica, o gênero continuaria praticado séculos afora: conheceu diversas realizações medievais, do século XII ao XIV, entre as quais *Arte Versificatória* (Mathieu de Vendôme – circa 1222-1286), *Poetria nova* (Geoffroy de Vinsauf – 11?-1210), *As Regras de Trovar* (Raimon Vidal – 1196-1252), *Gaia Ciência, ou Leis de Amor* (Guillaume Molinier - século XIV); retomou seus fundamentos clássicos no renascimento, com diversas glosas à *Poética*, de Aristóteles, como as devidas a Julius Caesar Scaliger (1484-1558), Antonio Minturno (1500-1574) e Lodovico Castelvetro (1505-1571); foi cultivado nos períodos barroco e neoclássico, por autores como Baltasar Gracián (1601-1658), Gian Vincenzo Gravina (1664-1718), Lodovico Muratori (1672-1750), Ignacio de Luzán (1702-1754), Cândido Lusitano (1719-1773). Por outro lado, desde que Quintiliano (*circa* 30-98 d.C.) estendeu o conceito, quando cognominou *arte poética* a uma carta metrificada de Horácio (65-8 a.C.) que versava sobre a ideia de poesia – a "Epístola aos Pisões" – (*Instituições Oratórias*, livro VIII, capítulo 3), tornou-se legítimo empregar o termo para nomear exposições em versos feitas pelos próprios poetas a respeito de sua arte, casos da *Arte Poética*, de Boileau (1636-1711), e do *Essay on Criticism*, de Alexander Pope (1688-1744), e até mesmo em relação a textos dessa natureza em forma de prosa, caso do *Defesa da Poesia*, de Philip Sidney (1554-1586), ensaio que constitui uma perfeita poética.

Na época romântica, por sua vez, embora os rótulos *poética* e *arte poética* tenham saído de uso – certamente por seu vínculo com os valores clássicos então repudiados[1] –, multiplicam-se ensaios consagrados à reflexão sobre a poesia que fazem jus plenamente à classificação como poéticas. E é certo que, enquanto em outros países da Europa os estudos literários se inclinavam para o historicismo, produzindo grandes tratados de história de literaturas nacionais específicas, na Inglaterra – por razões que não parece fácil explicar – predominavam especulações teóricas e universalistas sobre a ideia de poesia, isto é, poéticas, todas em tom de manifestos ou programas empenhados na modernização das concepções e práticas literárias. Estão nesse caso, os estudos reunidos nesta edição, produzidos do último ano do século XVIII à década de 1830, e que, não obstante suas particularidades, apresentam em comum a circunstância de defenderem um conceito moderno e romântico de poesia.

3

Iniciemos por destacar o que aproxima tais poéticas.

Em primeiro lugar, embora só a de Shelley ostente esse título, todas funcionam como "defesas da poesia",[2] na medida em que se apresentam como reação contra a crescente tendência de relegar a arte dos poetas a um lugar problemático e restrito. Assim, Wordsworth escreve um prefácio para a segunda edição da obra que publicara dois anos antes em parceria com Coleridge, ao qual acrescenta um apêndice na edição subsequente do livro, servindo-se

---

[1] Em Portugal e no Brasil, tais designações permaneceram em uso, porém apenas nos títulos de manuais escolares de iniciação aos estudos literários, que em geral abrangiam noções didaticamente reduzidas de duas das disciplinas clássicas dos discursos, a poética e a retórica. Entre outros, vejam-se os títulos: *Lições Elementares de Poética Nacional* (Francisco Freire de Carvalho, 1840); *Poética para Uso das Escolas* (Bernardo J. de S. Carneiro, 1843); *Elementos de Poética para Uso das Escolas* (Aristides P. F. de Bastos, 1867); *Apostilas de Retórica e Poética* (Joaquim Caetano Fernandes Pinheiro, 1877); *Compêndio de Retórica e Poética* (Manuel da Costa Honorato, 1879).

[2] Shelley toma seu título de Philip Sidney, de cujo ensaio escrito por volta de 1580 e publicado em 1595 em duas versões – *The Defence of Poesie* e *An Apologie for Poetrie* – retira também diversas ideias que acolhe ou desenvolve em seu texto.

de ambos os textos para justificar teoricamente o que caracterizou como "experiência" consagrada à produção de "certa modalidade de poesia [...] apta a interessar a humanidade permanentemente [...]" (p. 934).[3] Hazlitt, por seu turno, julgou adequada uma espécie de síntese conceitual que unificasse sua leitura por assim dizer pedagógica da tradição poética inglesa, que empreendeu numa série de conferências públicas por ele proferidas. Quanto a Shelley, seu ensaio constitui resposta direta ao artigo "As quatro idades da poesia", publicado em 1820 numa revista londrina, no qual o autor – Thomas Love Peacock (1785-1866) – desqualifica por completo a poesia, considerando-a manifestação cultural própria de tempos bárbaros e primitivos, inteiramente anacrônica, portanto, numa época de progresso técnico e científico. John Stuart Mill, por fim, com o espírito prático que pautava tanto seu labor intelectual como sua militância político-social, teve por motivação esclarecer racionalmente o conceito de poesia, esperando assim contribuir para converter um "vago sentimento" num "princípio claro" (p. 537), considerando, pois, o estudo que produzira "dign[o] de publicação [...] num país em que a filosofia da arte é tão completamente negligenciada [...]" (p. 543).

Contudo, essas poéticas se caracterizam como românticas na medida em que, recusando a ideia clássica de poesia como imitação de modelos exteriores consagrados, concebem-na como manifestação da interioridade profunda dos poetas, e assim convergem ainda na comum associação entre poesia e noções como imaginação, sentimento, paixão.

Mas nem tudo são semelhanças a conferir um ar de família a esses ensaios; como já antecipamos, há também diferenças entre eles, cada qual dando relevo a certos matizes de uma mesma cor, a noção romântica de poesia.

---

[3] Nas citações dos ensaios, indicam-se as páginas das edições-fonte das traduções, mencionadas na Bibliografia.

4

Wordsworth opta por um tom sereno, aliás conforme ao seu próprio conceito de poesia, que define como "emoção rememorada em *tranquilidade*" (p. 934; grifo nosso). Embora bordeje noções como "colorido da imaginação", "empatia racional" e "sentimentos morais", empenha-se principalmente em reivindicar que a poesia mais não seja do que a apreensão da "vida comum", por meio de uma "seleção da linguagem realmente usada pelos homens" (p. 935). Nesse propósito aparentemente tão modesto e simples é que residiria, contudo, toda a dificuldade da criação poética, pois lhe caberia transfigurar "as coisas banais" de tal modo que elas "se apresentassem à mente de modo inesperado"[4] (p. 935). Ora, isso implicaria uma neutralização da tradicional oposição entre prosa e poesia, pois a poesia, quando autêntica, teria a faculdade de tornar poético o que fosse prosaico. O poeta moderno e romântico, portanto, deveria resolver um problema complexo de composição: esquivar-se do que Wordsworth chama "dicção poética", isto é, um repertório de recursos verbais convencionalmente considerados *a priori* poéticos, para acolher a "linguagem real dos homens" (p. 934), expurgada, porém, de "seus defeitos reais, bem como de todas as causas racionais e permanentes de desagrado ou repugnância"[5] (p. 935). Trocando em miúdos, a questão seria não empregar no poema, por exemplo, a palavra *cão*,

---

[4] Veja-se a coincidência com uma passagem de Novalis (fragmento 105): "O mundo precisa ser romantizado. [...] Na medida em que dou ao comum um sentido elevado, ao costumeiro um aspecto misterioso, ao conhecido a dignidade do desconhecido, ao finito um brilho infinito, eu o romantizo" (2001 [*circa* 1798], p. 142).

[5] Problema, aliás, de todo escritor moderno exigente, que Gustave Flaubert (1821-1880), por exemplo, sentiu agudamente e formulou nesses termos: "O que escrevo agora [a referência é a *Madame Bovary*] corre o risco de ser Paul de Kock se eu não lhe der uma forma profundamente literária. Mas como fazer um diálogo trivial que seja bem escrito? E no entanto é preciso, é preciso. [...] Num livro como este, um desvio de uma linha pode me afastar completamente do objetivo, me fazer fracassar. No ponto em que estou, a frase mais simples tem para o resto um alcance infinito. Daí, a toda hora, as reflexões, os desgostos, a lentidão" (2005[1852], p. 76-77).

impropriamente considerada poética por encerrar certa afetação, substituindo-a por *cachorro*, mas não sem antes certificar-se de que essa alternativa mais natural não implique "defeito real" ou "causa racional e permanente de desagrado ou repugnância".

A contribuição de Wordsworth – parece lícito concluir –, se não for a origem, pelo menos constitui uma das matrizes de concepções e práticas poéticas que viriam a ser caras ao modernismo: o contágio recíproco entre prosa e poesia, e a consequente admissão do cotidiano e do coloquial respectivamente como tema e linguagem poeticamente legítimos. Por outro lado, ao postular a diferença entre poesia e ciência, que considerava "mais filosófica" do que a oposição prosa/poesia, abria caminho para o moderno conceito de literatura, o qual, diferentemente do critério clássico, que unificava sob o rótulo de *letras* todas as modalidades de escritos eruditos (poemas, narrativas de ficção, composições dramáticas, mas também sermões, cartas, estudos de ciência ou de filosofia etc.), se aplicaria somente aos gêneros literários *stricto sensu*, isto é, a obras líricas, narrativas ou dramáticas, metrificadas ou não.

Já Hazlitt, sem a contenção de Wordsworth, é exclamativo e entusiástico em sua defesa, resvalando às vezes para a autocongratulação: "Quem despreza a poesia não pode ter muito respeito por si mesmo ou por qualquer outra coisa" (p. 1). Sem inclinação para a teoria, seu texto não constitui senão um esforço de fundamentar com um conceito geral introdutório o que realmente lhe interessa, isto é, as análises de obras poéticas específicas. Por isso, no livro de que faz parte – *Lectures on the English Poets* –, figura como primeira conferência de uma série dedicada à consideração particular de diversos poetas, como Geoffrey Chaucer (*circa* 1343-1400), Edmund Spenser (*circa* 1552/53-1596), William Shakespeare (1564-1616), John Milton (1608-1674) etc. De fato, ele é antes um crítico, concentrado muito mais em juízos de valor pontuais sobre poemas e poetas do que em generalizações teóricas. Assim, seu ensaio, muito embora se intitule "Sobre a Poesia em Geral", parece compensar a escassa capacidade reflexiva com a prodigalidade das citações de trechos poéticos, que interpreta sempre a partir das noções correntes do seu tempo, como imaginação, fantasia, paixão, sentimento, reduzidas a clichês na sua exposição. Termina o estudo exaltando manifestações poéticas da sua eleição – a *Bíblia*, Homero, Dante, Ossian –, e, banalizando a visão romântica, expande de tal maneira a noção de poesia a ponto de privar a palavra de referente minimamente discernível: "O medo é poesia, a esperança é poesia, o amor é poesia, o ódio é poesia; desprezo, ciúme, remorso, admiração, espanto, piedade, desespero ou loucura, tudo é poesia" (p. 2). Sua contribuição, por conseguinte, pulverizando por completo o objeto, pouco representa para uma especulação sobre a ideia de poesia que se pretenda fundamentada e consequente, ainda que sejam em geral bastante sugestivas as leituras que empreende.

O texto de Shelley, por seu turno, reveste-se de uma terceira tonalidade: nem a serena compostura de Wordsworth, nem o enlevo de Hazlitt; em vez disso, revela certa convicção altiva, um tanto olímpica, alheia quase por completo à provocação que o suscitou – as diatribes de Peacock contra os poetas e a poesia –, alcançando, na sua conclusão, estridências de *grand finale*, sobretudo no acorde da última frase: "Os poetas são os legisladores não reconhecidos do mundo" (p. 57).

Explora principalmente dois tópicos: os fundamentos subjetivos da poesia e sua dimensão social, elementos cuja implicação recíproca o autor demonstra, contrariando a natural expectativa de que os tomaria como antagônicos. Assim, parte de uma distinção entre as faculdades da razão e da imaginação, definindo-as respectivamente como "princípio de análise" e "princípio de síntese" (p. 1), e naturalmente, na perspectiva romântica em que se coloca, concebe a poesia como "expressão da imaginação" (p. 2). Por outro lado, coerente com esse pressuposto não racionalista, defende a teoria platônica da inspiração, exposta na *Apologia de Sócrates* e no *Íon*. Esse reconhecimento dos fundamentos subjetivos da poesia, no entanto, não o impede de pôr em destaque sua dimensão social, pois entende que "o grande instrumento do bem moral é a imaginação" (p. 17), "órgão da natureza moral do homem" (p. 17) que caberia à poesia fortalecer. Tal é o segundo tópico de que se ocupa em sua exposição, que, na concatenação dos seus argumentos, deriva necessariamente do primeiro: insiste na "conexão entre poesia e bem social", denuncia males do capitalismo já então visíveis na Inglaterra – a "exaspera[ção] ao mesmo tempo [d]os extremos do luxo e da carência" (p. 42); "a exacerbação da desigualdade entre os homens" (p. 46) – e, em assomos típicos do seu radicalismo e da sua intrepidez, que podem parecer surpreendentes num romântico, assinala como a criação poética ultrapassa e neutraliza o individualismo:

> A poesia e o princípio do eu, do qual o dinheiro é a encarnação visível, constituem [respectivamente] o Deus e o Mamon do mundo (p. 46).

> É impossível senti-las [as comoções suscitadas pelos versos de Petrarca] sem nos tornarmos uma parte daquela beleza que contemplamos: seria ocioso explicar como a suavidade e a elevação da mente ligadas a essas sagradas emoções podem tornar mais amáveis os homens, mais generosos e sábios, e soerguê-los acima das emanações cinzentas do pequeno mundo do eu (p. 35).

Quanto a Stuart Mill, situa-se no final do ciclo histórico do romantismo na Inglaterra, e, na sua poética, também podemos perceber certa modulação particular: a limitação dos objetivos, o empenho de prestar serviço à sociedade e à cultura, a singeleza pedestre da linguagem, tudo isso aqui e ali temperado com ironia, particularmente quando fala dos alemães e dos franceses. Como seu interesse por poesia decorre de lance um tanto romanesco de sua vida, vale a pena resumi-lo.

Aplicando-se desde muito cedo a estudos intensivos de grego, latim, matemática, história, economia política, lógica, cálculo, ciências experimentais, obteve assim uma severa formação no utilitarismo filosófico de Jeremy Bentham (1748-1832), conduzida pelo pai, que pretendia transformá-lo em líder daquela escola filosófica na geração subsequente à do seu fundador. A certa altura, no entanto, a secura e a estreiteza do sistema em que fora doutrinado, segundo ele mesmo narra em sua *Autobiografia* (1873), conduziram-no a uma crise espiritual, de que sairia em parte graças à leitura dos poetas líricos, especialmente os românticos ingleses.[6] Concluiu então – e isso marcaria sua vida daí por diante – que era preciso saber conciliar o empenho pelas reformas sociais com a cultura dos sentimentos, o que possibilitou que, ocasionalmente, escrevesse sobre poesia e literatura, em meio a suas preocupações reflexivas principais, dominadas pela lógica, psicologia, ética, filosofia da ciência, economia e temas político-sociais.

Esse papel por assim dizer terapêutico que atribui à poesia e às artes em geral – chega a afirmar que os poemas de Wordsworth foram o *remédio* da sua depressão (Mill, 1944[1873], p. 125) – constitui o ponto essencial da sua poética, o qual, contudo, permanece difuso no ensaio, sem configurar-se como tese explícita. Em troca,

---

[6] Cf.: "Foi no outono de 1826. Eu estava entediado e melancólico, num estado a que todos estão sujeitos vez por outra; indiferente à alegria ou à excitação dos prazeres; com uma daquelas disposições durante as quais o que é prazer em outros momentos se torna insípido ou nos é indiferente [...]" (Mill, 1944[1873], p. 113). "Hábitos analíticos podem [...] até fortalecer as associações entre causas e efeitos, mas tendem ao mesmo tempo a enfraquecer aqueles que, para falar familiarmente, constituem *mera* questão de sentimento. [...] Minha educação tinha falhado em criar esses sentimentos com força suficiente para resistir à influência dissolvente da análise, enquanto todo o curso da minha formação intelectual fez da análise precipitada e prematura o hábito inveterado da minha mente" (ibid., p. 117). "Esse estado dos meus pensamentos e sentimentos fez da minha leitura de Wordsworth pela primeira vez (no outono de 1828) um evento importante na minha vida" (ibid., p. 124). "O que fez dos poemas de Wordsworth um remédio para o meu estado de espírito foi o fato de eles expressarem não mera beleza exterior, mas sentimentos – e pensamentos coloridos pelo sentimento – sob a comoção da beleza. Eles me pareceram a própria cultura dos sentimentos, em busca da qual eu estava. Neles eu como que sacava de uma fonte de alegria interior, de prazer empático e imaginativo, que podia ser compartilhado por todos os seres humanos; que não tinha ligação com luta ou imperfeição, mas que poderia tornar-se mais rica mediante todo aperfeiçoamento na condição física ou social da humanidade" (ibid., p. 125). Tradução nossa.

ganha relevo no texto o que ele caracteriza como confusão entre poesia e composição métrica, questão por sinal antes observada por Wordsworth e por Shelley,[7] mas de cuja superação Mill retira consequências bastante sugestivas. Formula então a ideia-chave da qual infere depois suas principais conclusões:

> A palavra *poesia* [...] envolve algo muito peculiar em sua natureza, algo que pode existir tanto no que se chama *prosa* quanto no *verso*, algo que sequer exige o instrumento das palavras, podendo também falar por meio daqueles outros símbolos audíveis chamados *sons musicais*, e mesmo pelos símbolos visíveis, que são a linguagem da escultura, pintura e arquitetura (p. 537).

A partir dessa premissa, sem definir propriamente o que entende por poesia, procura demonstrar as diferenças entre esta e outras linguagens, bem como verificar a presença ou a ausência de poesia em diversos gêneros artísticos, literários ou não. Assim, embora admita que existem bons poemas narrativos, bem como poesia nos bons romances, estabelece distinção entre poesia e narrativa de ficção, ao mesmo tempo que se inclina por valorizar a primeira em detrimento da segunda: naquela, o interesse deriva da "representação do sentimento", ao passo que, nesta, do "incidente" ou de "meras circunstâncias exteriores" (p. 537). Propõe em seguida a distinção entre poesia e descrição, esclarecendo que o simples delinear dos aspectos

---

[7] Cf.: "[...] muita confusão se introduziu na crítica mediante tal contraposição entre poesia e prosa" (Wordsworth, p. 937). "[...] a divisão popular entre prosa e verso é inadmissível numa filosofia rigorosa" (Shelley, p. 9). Na verdade, o pouco caso para com a distinção – de origem gramatical – entre prosa e poesia, se bem que particularmente intenso no período romântico, tem pelo menos um ilustre antecedente clássico: "[...] se alguém compuser em verso um tratado de Medicina ou de Física, esse será vulgarmente chamado 'poeta'; na verdade, porém, nada há de comum entre Homero e Empédocles, a não ser a metrificação: aquele merece o nome de 'poeta', e este o de 'fisiólogo', mais que o de poeta" (Aristóteles, 1966, p. 69); "[...] não diferem o historiador e o poeta, por escreverem verso ou prosa (pois que bem poderiam ser postas em verso as obras de Heródoto, e nem por isso deixariam de ser história, se fossem em verso o que eram em prosa) [...]" (ibid., p. 78).

exteriores de um objeto – isto é, sua descrição – não é poesia, mas é poética a descrição que o pinte "não em traços simples e naturais, mas nas cores da imaginação acionada pelos sentimentos e vist[o] através desse meio" (p. 539).

Depois, estabelece a diferença entre poesia e eloquência, e daí retira uma espécie de tipologia que, em seguida, aplicará à compreensão de outras artes. Para ele, coincidem eloquência e poesia na circunstância de serem ambas "expressões ou articulação dos sentimentos" (p. 539), mas uma diferença profunda as extremaria: "a eloquência *requer atenção* do ouvinte, e a poesia *alcança* o ouvinte *como que por acaso*" (p. 539). Estende-se então na explicação dessa diferença, acentuando os contrastes entre essas duas artes verbais:

> A eloquência pressupõe um auditório; a peculiaridade da poesia parece-nos consistir no total alheamento do poeta em relação a um ouvinte. A poesia é sentimento confessando-se de si para si, em momentos de solidão, e corporificando-se em símbolos que são as mais próximas representações possíveis do sentimento, na forma exata em que ele existe na mente do poeta. A eloquência é sentimento derramando-se em outras mentes, cortejando-lhes a simpatia, ou empenhando-se para influenciar-lhes a crença ou movê-las à paixão ou à ação.
>
> Toda a poesia é da natureza do solilóquio (p. 539-540).

Assim propõe a tipologia referida, que passa a aplicar ao domínio de todas as artes, com o que amplia sua poética numa estética, tomada esta palavra no sentido de teoria geral das artes:

> Se o que se disse acima for [...] a verdadeira teoria da distinção comumente admitida entre eloquência e poesia, ou, ainda que não, [...] uma distinção de boa-fé, [...] será considerada sustentável não meramente em relação à linguagem das palavras, mas em relação a qualquer outra, e incidirá sobre todo o domínio da arte (p. 540).

Haveria, pois, conforme as sugestões que se seguem, música poética (por exemplo, certas composições de Mozart – 1756-1791) e música eloquente (por exemplo, Rossini – 1792-1868). Quanto às artes visuais, valeria não só a polaridade entre poesia e eloquência, mas também os contrastes entre poesia, narrativa e descrição. Assim, haveria uma pintura poética (as madonas de Guido Reni – 1575-1642, por exemplo), e uma pintura meramente narrativa (toda a pintura dita *histórica*), assim como uma pintura nada poética, porém eloquente, exemplificada pela representação de figuras singulares ou retratos, e tanto a pintura histórica como os retratos, destinando-se à exibição para um auditório, se inscreveriam no campo da eloquência, e não no da poesia, pois esta, sendo "da natureza do solilóquio", se especificaria justamente por dispensar plateias.

A própria arquitetura, por fim, seria suscetível de conter poesia, não em suas realizações modernas – segundo o autor, "medíocres", por não "constitu[írem] a expressão de qualquer ideia" (p. 542) –, mas, por exemplo, em certos edifícios religiosos, como os templos gregos, poéticos por sua "majestade" (p. 543), ou nas catedrais góticas, cuja elevação poética proviria da "fusão de majestade e melancolia [...], bem como [d]a 'sombria luz religiosa' que se insinua pelos vitrais" (p. 543).

A partir desse raciocínio que rejeita apriorismos e vai experimentando possibilidades, à medida que avança propondo comparações, recuemos um pouco em relação à meta alcançada, que, como vimos, ultrapassou a poética e projetou-se numa teoria geral das artes. Voltemos então à pergunta-título do ensaio: afinal, o que é poesia?

É verdade que o texto não nos brinda propriamente com uma definição, mas certa ideia de poesia nele não deixa de vislumbrar-se, à maneira de um ponto de fuga, produto de várias determinações paralelas que se vão acumulando: a poesia é uma propriedade não substantiva, presente não só em poemas; é da ordem do sentimento e da imaginação; radicalmente introspectiva, identifica-se com o modo lírico; é superior à narrativa, à descrição e à eloquência; confere valor elevado às manifestações em que se faz presente.

5

Descritos os traços gerais das poéticas aqui reunidas, podemos concluir com uma pergunta: que interesse terão para nós essas especulações de duzentos anos atrás? Tentemos responder.

Quando nada, podemos tomá-las como ruínas, e, nesse caso, por mais acanhada que seja nossa consciência histórica, nós as consideraríamos documentos que devem ser preservados, tornando-se assim, por exemplo, objetos de traduções e edições.

Entretanto, se, além de consciência histórica, dispusermos também do que antigamente se chamava *gosto* – isto é, critérios para juízos estéticos –, leríamos esses textos como literatura, ou seja, sem outro propósito senão apreciar-lhes a própria tessitura verbal, cujos refinamento e densidade fazem deles estimáveis obras de arte.

Por fim, na hipótese de se poder juntar à consciência histórica e ao gosto estético inclinação por especulações abstratizantes, então tomaríamos tais ensaios como formuladores de conceitos. Nesse terceiro modo de apropriação, destacaríamos suas principais ideias-diretrizes – imaginação, subjetividade, responsabilidade ético-política, verso, prosa, ficção, verdade, ciência, arte etc. –, procurando situá-las tanto no contexto de sua produção original como em suas repercussões subsequentes, para finalmente verificar-lhes a eventual fecundidade para a nossa reflexão atual sobre questões literárias, nesses tempos certamente pós-românticos, talvez ainda modernos, talvez já pós-modernos.

CRITÉRIOS DAS TRADUÇÕES E DA EDIÇÃO

Tendo em vista a natureza dos ensaios reunidos na presente edição, situados, como é comum nas humanidades, entre compromisso com reflexão analítica e fatura literária, as traduções buscaram conciliar estrita fidelidade à letra dos textos – de modo a se obterem correspondências rigorosas com a terminologia dos originais – com fluência e naturalidade na sua acomodação ao português. Em alguns pouquíssimos casos, porém, por questão de clareza, se introduziram passagens não constantes nos originais, facilmente identificáveis por sua inscrição entre colchetes no texto.

As traduções de poemas ou trechos de poemas citados se propuseram tão somente preservar-lhes o significado; se bem que não tenham pretendido recriá-los em português, procuraram, no entanto, apresentá-los não completamente despojados dos seus atributos poéticos de origem. Nos casos em que a análise dessas citações incidia sobre aspectos de linguagem não preservados nas traduções (por exemplo, rima, vocabulário, morfossintaxe), abriram-se notas para a transcrição integral dos seus respectivos originais.

Para as notas do tradutor/organizador, cuja dosagem é sempre problemática, a opção foi correr o risco de pecar eventualmente por excesso, e não por omissão, podendo ter havido assim algum exagero no uso desse recurso, pelo qual pedimos desculpas. As notas dos autores, por sua vez, foram mantidas na edição, com indicação, entre colchetes, de sua procedência.

1

WORDSWORTH

PREFÁCIO
[À SEGUNDA EDIÇÃO DAS *BALADAS LÍRICAS*][1]
WILLIAM WORDSWORTH

O primeiro volume destes poemas[2] já se submeteu a minuciosa apreciação geral. Foi publicado como experiência que – esperava eu – pudesse ter alguma utilidade para verificar até que ponto, conformando-se em disposição métrica determinada seleção da linguagem real dos homens em estado de sensação vívida, pode ser compartilhada certa modalidade e certa intensidade de prazer que um poeta pretenda racionalmente compartilhar.

Não foi muito imprecisa minha avaliação do efeito provável destes poemas: lisonjeava-me que os leria com especial prazer quem os

---

[1] Publicado pela primeira vez em 1800, o prefácio foi sucessivamente revisado pelo autor em edições posteriores. O texto utilizado para a tradução constitui a última versão por ele retocada, tendo saído na edição das *Lyrical Ballads* de 1849-1850.

[2] A primeira edição das *Lyrical Ballads* data de 1798. A obra resultou de colaboração entre Wordsworth e Coleridge, e, segundo este, obedeceu a um plano: "[...] meus esforços se voltariam para pessoas e caracteres sobrenaturais, ou pelo menos românticos, para transferir de nossa natureza interior um interesse humano e uma verossimilhança, a fim de garantir, para o momento, a essas sombras da imaginação, aquela suspensão voluntária da incredulidade, que constitui a fé poética. O Sr. Wordsworth, por outro lado, deveria propor-se como objeto conferir o encanto da novidade a coisas do cotidiano, provocando um sentimento análogo ao sobrenatural, ao despertar a atenção da mente da letargia do hábito e ao orientá-la para a graça e as maravilhas do mundo que temos à nossa frente –, um tesouro inexaurível, mas para o qual, em decorrência do véu de familiaridade e das apreensões egoístas, temos olhos mas não vemos, ouvidos que não escutam, e corações que nem sentem nem compreendem" (Coleridge, 1995[1817], p. 151).

julgasse agradáveis, e, contudo, estava bem ciente de que seriam lidos com especial aversão por quem deles se desagradasse. O resultado divergiu das minhas expectativas apenas no seguinte: os poemas agradaram a um número de pessoas superior ao que ousei esperar. Muitos dos meus amigos estão ansiosos pelo êxito destes poemas, por acreditarem que, se eles corresponderem de fato aos desígnios com que foram compostos, certa modalidade de poesia terá sido produzida, apta a interessar a humanidade permanentemente, além de não desprezível na qualidade e na multiplicidade das suas implicações morais; por isso, aconselharam-me a precedê-los de uma defesa sistemática da teoria a partir da qual foram escritos. Mas eu não estava inclinado a assumir a tarefa, sabendo que, então, o leitor olharia meus argumentos com frieza, uma vez que podia tornar-me suspeito de ter sido principalmente influenciado pela esperança egoísta e tola de induzi-lo à aprovação daqueles poemas específicos; e eu estava ainda menos inclinado a assumi-la porque expor adequadamente as opiniões e plenamente fazer valer os argumentos exigiria espaço muito desproporcional a um prefácio. Pois, para tratar do assunto com a clareza e a coerência a que se presta, seria necessário oferecer um relato completo sobre o estado atual do gosto neste país, bem como determinar até que ponto ele é saudável ou corrompido, o que, de novo, não poderia ser determinado sem apontar de que maneira a linguagem e a mente humana agem e reagem uma sobre a outra, assim como sem reconstituir as revoluções não só da literatura, mas também da própria sociedade. Por conseguinte, declinei de entrar regularmente nessa defesa, embora sinta que seria algo impróprio impor abruptamente ao público, sem umas poucas palavras de introdução, poemas materialmente tão diferentes daqueles aos quais hoje se concede aprovação geral.

Pressupõe-se que, pelo ato de escrever em verso, o autor contrai um compromisso formal de honrar certos conhecidos hábitos de associação; que ele assim não apenas previne o leitor de que certas classes de ideias e expressões se acharão no seu livro, mas também de que outras serão cuidadosamente excluídas. Este exponencial ou símbolo representado pela linguagem métrica deve ter desencadeado, em diferentes épocas da literatura, expectativas muito diferentes: por exemplo, no tempo de Catulo,[3] Terêncio[4] e Lucrécio,[5] e no de Estácio[6] e Claudiano;[7] e, no nosso próprio país, no tempo de Shakespeare e Beaumont[8] e Fletcher,[9] e no de Donne[10] e Cowley,[11] ou Dryden,[12] ou Pope.[13] Não me proponho determinar o alcance exato da promessa que um autor, no ato de escrever em verso, faz hoje em dia ao seu leitor; mas, sem dúvida, parecerá a muita gente que não cumpri os termos de um compromisso voluntariamente contraído. Aqueles acostumados à pompa e à fraseologia oca de muitos escritores modernos, se persistirem na leitura deste livro até o fim, indubitavelmente terão de debater-se muitas vezes com sentimentos de estranheza e despreparo: hão de procurar poesia e serão levados a perguntar por que espécie de cortesia essas tentativas podem ser autorizadas a assumir tal título. Espero, pois, que o leitor não me condene por tentar expor o que me propus realizar, e também, tanto quanto permitirem os limites de um prefácio, por tentar explicar algumas das principais razões pelas quais decidi escolher certo propósito; que, pelo menos, ele seja poupado de qualquer sensação desagradável de desapontamento, e que eu próprio possa ser protegido de uma das acusações mais desonrosas que podem ser feitas contra um autor, isto é, a de indolência que o impede

---

[3] Gaius Valerius Catullus (*circa* 84-54 a.C.), poeta romano.
[4] Publius Terentius Afer (século II a.C.), poeta e dramaturgo romano.
[5] Titus Lucretius Carus (século I a.C.), poeta e filósofo romano.
[6] Publius Papinius Statius (*circa* 40-96 d.C.), poeta romano.
[7] Claudius Claudianus (séculos V-IV d.C.), poeta romano.
[8] Francis Beaumont (1584-1616), dramaturgo e ator inglês.
[9] John Fletcher (1579-1625), dramaturgo inglês.
[10] John Donne (1572-1631), poeta inglês.
[11] Abraham Cowley (1618-1667), poeta inglês.
[12] John Dryden (1631-1700), poeta, dramaturgo e crítico inglês.
[13] Alexander Pope (1688-1744), poeta inglês.

de empenhar-se em verificar qual é o seu dever, ou, apurado esse dever, o impede de cumpri-lo.

O principal objetivo, então, proposto nestes poemas foi escolher incidentes e situações da vida comum e relatá-los ou descrevê-los tanto quanto possível na íntegra, numa seleção da linguagem realmente usada pelos homens, e, ao mesmo tempo, recobri-los com certo colorido da imaginação, por meio do qual as coisas banais se apresentassem à mente de um modo inesperado; e, além disso e sobretudo, foi tornar atraentes estes incidentes e situações, inscrevendo neles, com verdade, mas sem ostentação, as leis primárias da nossa natureza, principalmente no que concerne à maneira pela qual associamos ideias num estado de comoção. A vida humilde e rústica foi em geral escolhida porque, nessa condição, as paixões essenciais do coração encontram solo melhor para atingirem a maturidade, são menos reprimidas e falam uma linguagem mais singela e mais enfática; porque, nessa condição de vida, nossos sentimentos elementares coexistem num estado de maior simplicidade e, consequentemente, podem ser mais atentamente contemplados e mais energicamente comunicados; porque o jeito da vida rural germina desses sentimentos elementares, sendo mais facilmente compreendido e mais duradouro, em função do caráter próprio às ocupações rurais; e, por fim, porque, nessa condição, as paixões dos homens encontram-se integradas com as formas belas e permanentes da natureza. Também se adotou a linguagem desses homens (verdadeiramente purificada do que parece constituir seus defeitos reais, bem como de todas as causas racionais e permanentes de desagrado ou repugnância) porque eles constantemente comungam com os melhores objetivos dos quais originalmente deriva o melhor da linguagem; e porque, em função de seu lugar na sociedade e do círculo estreito e uniforme das suas relações, estando menos sujeitos à influência da vaidade social, transmitem seus sentimentos e suas noções por intermédio de expressões simples e não elaboradas. Assim, nascendo de experiência repetida e sentimentos constantes, tal linguagem é mais permanente e muito mais filosófica do que aquela pela qual os poetas frequentemente a substituem, pensando que, quanto mais se afastam da simpatia dos homens e se entregam a hábitos de expressão arbitrários e caprichosos, a fim de alimentarem gostos e apetites volúveis de sua própria criação, mais honrarias conferem a si mesmos e à sua arte.[14]

Não posso, contudo, ficar insensível ao atual clamor contra a trivialidade e a mediocridade, tanto do pensamento como da linguagem, que alguns dos meus contemporâneos introduziram ocasionalmente nas suas composições métricas; e reconheço que esse defeito, onde existe, é mais desonroso para o próprio caráter do escritor do que o falso refinamento ou a inovação arbitrária, embora eu deva simultaneamente sustentar que, na soma das suas consequências, ele é muito menos pernicioso. De tais versos os poemas deste volume se distinguem pelo menos por um traço: cada um deles tem um *propósito* digno. Não que eu começasse sempre a escrever com um propósito distinto formalmente concebido; mas – estou certo – hábitos de meditação incitam e dirigem meus sentimentos de tal maneira que minhas descrições dos objetos que fortemente estimulam esses sentimentos hão de ser reconhecidas como detentoras de um *propósito*. Se essa opinião estiver errada, pouco direito tenho ao título de poeta. Pois toda boa poesia é o transbordar espontâneo de poderosos sentimentos; e, embora isso seja verdade, os poemas a que se pode atribuir algum valor nunca foram produzidos, independentemente do assunto, senão por um homem que, possuído por sensibilidade orgânica invulgar, tenha também meditado longa e profundamente. Pois nossos fluxos contínuos de sentimento são modificados e dirigidos por nossos pensamentos, que são de fato os representantes de todos os nossos sentimentos passados; e, uma vez que, contemplando a relação desses representantes gerais uns com os outros, descobrimos o que é na verdade importante para

---

[14] Vale a pena observar que as passagens marcantes de Chaucer são quase sempre expressas em linguagem pura e universalmente inteligível, mesmo hoje em dia [nota do autor].

os homens, assim, pela repetição e continuidade desse ato, nossos sentimentos serão associados a assuntos importantes, até que, por fim, se estivermos originalmente possuídos de bastante sensibilidade, esses hábitos de meditação serão produzidos de tal modo que, obedecendo cega e mecanicamente aos seus impulsos, descreveremos objetos e articularemos sentimentos de tal natureza, e em tal conexão uns com os outros, que a compreensão do leitor necessariamente há de iluminar-se com certa intensidade, e suas afeições hão de fortalecer-se e purificar-se.

Já foi dito que cada um desses poemas tem um propósito. Deve ser mencionada outra circunstância que os distingue em relação à poesia hoje em dia popular: o sentimento neles desenvolvido dá importância à ação e à situação, e não a ação e a situação ao sentimento.

Um sentido de falsa modéstia não me impedirá de afirmar que a atenção do leitor se volta para essa marca distintiva muito menos graças a esses poemas específicos do que à importância geral do assunto. O assunto é de fato importante! Pois a mente humana é capaz de comover-se sem a aplicação de estimulantes violentos e grosseiros; e deve ter uma percepção muito pálida da beleza e dignidade dela quem não reconhecer isso e não souber que um ser se eleva em relação a outro na proporção em que dispõe dessa capacidade. Assim, pareceu-me que tentar produzir ou ampliar tal capacidade constitui um dos melhores serviços com que, em qualquer época, pode um escritor comprometer-se; mas esse serviço, excelente em qualquer tempo, o é em especial nos nossos dias. Pois uma legião de causas, desconhecidas em épocas anteriores, está agora agindo com uma força combinada para embotar os poderes de discernimento da mente, e, desajustando-o para qualquer esforço voluntário, o reduzem a um estado de torpor quase selvagem. A mais eficaz dessas causas é constituída pelos grandes eventos nacionais que ocorrem diariamente, bem como pela crescente acumulação de homens nas cidades, onde o caráter uniforme de suas ocupações produz certo anelo pelo incidente extraordinário, que a rápida comunicação de informação satisfaz a cada momento. A essa tendência da vida e dos costumes conformaram-se a literatura e os espetáculos teatrais deste país. As obras inestimáveis dos nossos grandes autores do passado – quase ia dizendo as obras de Shakespeare e de Milton – são negligenciadas em função de romances delirantes, tragédias alemãs doentias e estúpidas e dilúvios de inúteis e extravagantes histórias em verso. Quando penso nessa degradante sede de estímulos ultrajantes, quase me envergonho de ter falado sobre o frágil esforço de neutralizá-la realizado nestes volumes; e, refletindo sobre a magnitude do mal generalizado, deveria sentir-me oprimido por melancolia nada desonrosa, não tivesse eu profunda impressão sobre certas qualidades imanentes e indestrutíveis da mente humana, bem como sobre certos poderes presentes nos grandes e permanentes objetos que agem sobre ela, objetos igualmente naturais e indestrutíveis; e não tivesse, acrescentada a essa impressão, a convicção de que se aproxima um tempo em que esse mal será sistematicamente confrontado por homens de poderes maiores e de sucesso muito mais elevado.

Tendo assim demorado longamente sobre os assuntos e desígnios desses poemas, devo pedir a permissão do leitor para informá-lo de umas poucas circunstâncias relativas ao seu *estilo*, a fim de que, entre outros motivos, não possa ele censurar-me por não ter realizado o que nunca me propus. O leitor verificará que a personificação de ideias abstratas raramente ocorre nestes volumes, e que ela é completamente rejeitada, como vulgar dispositivo para elevar o estilo, erguendo-o acima da prosa. Meu propósito foi imitar e, tanto quanto possível, adotar a própria linguagem dos homens; e com certeza essas personificações não constituem parte natural ou regular dessa linguagem. São elas, de fato, uma figura de discurso ocasionalmente induzida pela paixão, e, como tal, as utilizei; porém, muito me esforcei para rejeitá-las como dispositivo mecânico de estilo, ou como linguagem de casta que os versificadores parecem reivindicar por receita. Desejei manter o leitor na companhia de carne e osso, persuadido de que, agindo assim, hei de interessá-lo. Outros que seguem trilhas distintas também o interessarão; não me intrometo na reivindicação deles, mas prefiro fazer a minha própria. Também se encontrará nestes volumes pouco do que usualmente se chama *dicção poética*; foi tão penoso evitá-la quanto em geral é penoso produzi-la, e isso pelo motivo já alegado: levar minha linguagem para perto da linguagem dos homens, e, além disso, porque o prazer que me propus compartilhar é de espécie muito diferente daquele pressuposto por muitas pessoas como objetivo próprio da poesia. Sem ser culpavelmente prolixo, não sei como dar ao meu leitor uma noção mais exata do estilo em que foi meu desejo e minha intenção escrever senão informando que tentei o tempo todo encarar firme o meu assunto; por conseguinte, há nesses poemas – espero – pouca falsidade de descrição, e minhas ideias são expressas em linguagem adequada à sua respectiva importância. Algo deve ter sido ganho com essa prática, na medida em que ela é amistosa com uma propriedade de toda boa poesia, isto é, o bom senso; mas isso necessariamente me isolou de grande quantidade de torneios e figuras de linguagem que, de pai para filho, têm sido há muito consideradas a herança comum dos poetas. Julguei também conveniente restringir-me ainda mais, abstendo-me do uso de muitas expressões em si mesmas próprias e belas, mas que têm sido tolamente repetidas por maus poetas, a ponto de certos sentimentos de repugnância se ligarem a elas de tal modo que se torna quase impossível neutralizá-los mediante a arte da associação.

Se num poema se encontrar uma série de versos, ou mesmo um único verso, em que a linguagem, embora organizada com naturalidade e de acordo com as estritas leis da métrica, não se distingue daquela da prosa, há uma grande quantidade de críticos que, quando tropeçam nesses prosaísmos, como os chamam, imaginam que fizeram uma notável descoberta e tripudiam sobre o poeta como sobre um homem ignorante na própria profissão. Ora, esses homens estabelecem um cânone de crítica que o leitor concluirá ter de rejeitar por completo caso deseje apreciar estes volumes. E será tarefa mais fácil provar-lhe não somente que a linguagem de grande parte de qualquer bom poema, mesmo dos mais elevados, deve necessariamente, exceto em relação ao metro, não diferir sob qualquer aspecto daquela da boa prosa, mas também que algumas das partes mais atraentes dos melhores poemas se revelarão estritamente linguagem da prosa, isto é, da prosa bem escrita. A verdade desta asserção podia ser demonstrada por inúmeras passagens de quase todos os escritos poéticos, mesmo do próprio Milton. Para ilustrar o assunto de maneira genérica, citarei uma pequena composição de Gray,[15] que esteve à frente dos que argumentaram no sentido de dilatar o espaço entre prosa e composição métrica, e que, curiosamente, mais do que qualquer outro, esmerou-se na estruturação de sua própria dicção poética:

> Em vão brilham para mim as risonhas manhãs,
> E Febo rubro ergue seu áureo fogo;
> As aves acrescem em vão cantos de amor,
> Ou os alegres campos retomam o verde esplendor.
> Meus ouvidos – ai de mim – por outras notas se afligem,
> *E clamam meus olhos pelo incomum.*
> *A aflição solitária consome só o meu coração,*
> *E expiram no meu peito precárias alegrias.*
> Entanto a manhã, sorrindo, alegra a agitação do povo,
> E traz prazeres recém-natos para homens mais felizes.
> Os campos a todos prestam o usual tributo;
> Para aquecer seus amores pequeninos pipilam as aves;
> *E eu, inutilmente, exponho minha dor a quem não pode ouvir,*
> *E choro ainda mais, porque é em vão que choro.*[16]

---

[15] Thomas Gray (1716-1771), poeta inglês.
[16] Trata-se do soneto "Sobre a Morte de Richard West", poeta e amigo de Thomas Gray, nascido em 1716 e morto em 1742. No original: "In vain to me the smiling mornings shine, / And reddening Phoebus lifts his golden fire: / The birds in vain their amorous descant join, / Or cheerful fields resume their green attire: / These ears alas! for other notes repine; / A different object do these eyes require; / My lonely anguish melts no heart

Percebe-se facilmente que a única parte desse soneto dotada de algum valor é constituída pelos versos postos em itálico; é também óbvio que, exceto na rima e no uso da palavra *fruitless* por *fruitlessly*, o que até agora é um defeito,[17] a linguagem desses versos em nada difere da linguagem da prosa. Pela citação anterior, ficou demonstrado que a linguagem da prosa pode muito bem ser adaptada à poesia; e antes asseveramos que grande parte da linguagem de qualquer bom poema não pode de modo algum diferir daquela da boa prosa. Iremos mais longe. Pode-se afirmar com segurança que também não há, nem pode haver, qualquer diferença *essencial* entre a linguagem da prosa e a composição métrica. Gostamos de traçar a semelhança entre a poesia e a pintura e, por conseguinte, chamamos-lhes irmãs; mas onde encontraremos elos suficientemente fortes para tipificarmos a afinidade entre a composição métrica e a composição em prosa? Ambas falam pelos mesmos órgãos e para os mesmos órgãos; os corpos com que ambas se revestem são – pode-se dizer – da mesma substância, suas afeições são aparentadas e quase idênticas, não diferindo necessariamente nem mesmo em grau; a poesia[18] não verte lágrimas "como as que os anjos choram", mas lágrimas naturais e humanas; ela não pode vangloriar-se de uma linfa celestial

but mine; / And in my breast the imperfect joys expire; / Yet Morning smiles the busy race to cheer, / And new-born pleasure brings to happier men; / The fields to all their wonted tribute bear; / To warm their little loves the birds complain. / *I fruitless mourn to him that cannot hear / And weep the more because I weep in vain*".

[17] O "defeito" arguido é o emprego de um adjetivo – *fruitless* – com função adverbial, isto é, em lugar da palavra gramaticalmente apropriada: *fruitlessly*. Um paralelo em português se tem em construções como a seguinte: "Chegou rápido ao seu destino", em que *rápido* substitui a palavra de rigor, que seria *rapidamente*.

[18] Emprego aqui a palavra *poesia* (embora contra meu próprio juízo) como oposta à palavra *prosa* e sinônimo de *composição métrica*. Mas muita confusão se introduziu na crítica mediante tal contraposição entre poesia e prosa, em vez da distinção mais filosófica entre poesia e realidade factual ou ciência. A única antítese exata à prosa é o metro; nem este constitui, na verdade, uma antítese exata, porque versos e passagens metrificadas ocorrem tão naturalmente ao se escrever prosa que dificilmente seria possível evitá-las, mesmo quando isso fosse desejável [nota do autor].

que distinga seus sucos vitais daqueles da prosa; o mesmo sangue humano circula nas veias de ambas.

Se se afirmar que a rima e a organização métrica por si sós constituem distinção que subverte o que se acabou de dizer sobre a estrita afinidade da linguagem métrica com a da prosa, abrindo-se caminho para outras distinções artificiais que a mente voluntariamente admite, respondo que a linguagem da poesia como aqui se recomenda é, tanto quanto possível, uma seleção da linguagem realmente falada pelos homens; que essa seleção, sempre que feita com verdadeiro gosto e sentimento, constituirá em si mesma uma distinção muito mais importante do que à primeira vista se imaginaria, apartando inteiramente a composição da vulgaridade e mesquinhez da vida banal; e, se a ela se acrescentar o metro, creio que se produzirá uma dessemelhança de todo suficiente para a satisfação de uma mente racional. Que outra distinção teríamos? De onde ela há de vir? E onde há de existir? Não, decerto, onde o poeta fala pela boca de seus personagens; aqui ela não pode ser necessária, nem para a elevação do estilo, nem na condição de qualquer de seus supostos ornamentos; pois, se o assunto do poeta for judiciosamente escolhido, isso o conduzirá com naturalidade a paixões cuja linguagem, se selecionada verdadeira e judiciosamente, deve necessariamente ser digna e matizada, além de vívida em função de metáforas e figuras. Abstenho-me de falar sobre uma incongruência que chocaria o leitor inteligente: o caso de o poeta entremear certo esplendor de sua própria lavra com aquele que a paixão naturalmente sugere; é suficiente dizer que tal acréscimo é desnecessário. E com certeza é mais provável que as passagens nas quais com propriedade são abundantes metáforas e figuras produzam seu devido efeito se, em outras ocasiões em que as paixões forem de natureza mais branda, o estilo for igualmente contido e moderado.

Mas, como o prazer que espero proporcionar através dos poemas ora apresentados ao leitor deve depender inteiramente de justas noções sobre este assunto, e como tal assunto é em si mesmo da maior importância para o nosso gosto e para os nossos sentimentos morais, não posso contentar-me com essas observações soltas. E se, pelo que estou prestes a dizer, parecer a alguns que o meu labor é desnecessário, e que sou como um homem lutando numa batalha sem inimigos, essas pessoas devem recordar que, qualquer que seja a linguagem externamente assumida pelos homens, é quase nula a atribuição de crédito prático às opiniões que desejo estabelecer. Se minhas conclusões forem admitidas e, caso integralmente admitidas, levadas às últimas consequências, nossos juízos concernentes às obras dos maiores poetas tanto antigos como modernos serão muito diferentes do que são hoje, quer quando os louvamos, quer quando os censuramos; e nossos sentimentos morais, influentes nesses juízos ou por eles influenciados, hão de ser – creio eu – corrigidos e purificados.

Retomando pois o assunto em termos gerais, pergunto: o que significa a palavra *poeta*? O que é um poeta? A quem se dirige ele? E que linguagem é lícito esperar dele? Ele é um homem que fala aos homens: um homem – é verdade – dotado de uma sensibilidade mais viva, de mais entusiasmo e ternura, que tem um conhecimento maior da natureza humana, e alma mais vasta do que se julga comum na humanidade; um homem contente com as próprias paixões e aspirações, e que se rejubila mais do que os outros com o espírito da vida que nele existe, deleitando-se na contemplação de aspirações e paixões semelhantes, tais como manifestadas nas ocorrências do mundo, e habitualmente impelido a criá-las onde não as encontra. A essas qualidades acrescentou uma disposição para, mais do que os outros homens, deixar-se afetar por coisas ausentes, como se estivessem presentes; uma habilidade para conjurar em si paixões que, de fato, estão longe de serem as mesmas produzidas por eventos reais, ainda que – especialmente nos aspectos agradáveis e deleitosos da solidariedade universal – se aproximem muito mais das paixões produzidas por eventos reais do que tudo aquilo que os outros homens, pelos próprios movimentos interiores, são normalmente capazes de sentir em si mesmos. Daí e da prática, adquiriu maior presteza e poder de expressar o que pensa e sente, especialmente aqueles pensamentos e sentimentos que, por sua escolha ou a partir da estrutura da própria mente, emergem nele sem estímulo externo imediato.

Mas, seja qual for o grau dessa faculdade que podemos supor possuir precisamente o maior poeta, não pode haver dúvida de que a linguagem que ela lhe sugerirá deve permanecer, em vivacidade e verdade, longe do que é articulado pelos homens na vida real sob a pressão efetiva dessas paixões, das quais certas sombras o poeta então produz, ou sente se produzirem nele próprio.

Por mais elevada que seja a noção do caráter de um poeta que desejaríamos nutrir, é óbvio que, ao descrever e imitar paixões, sua ocupação é de certo modo mecânica, quando comparada com a liberdade e o poder da ação substantiva e do sofrimento. Sendo assim, será desejo do poeta aproximar os próprios sentimentos daqueles das pessoas cujos sentimentos ele descreve, ou melhor, por curtos lapsos de tempo, talvez, deixar-se levar por uma ilusão completa, e até mesmo confundir e identificar os seus próprios sentimentos com os delas, modificando apenas a linguagem que assim lhe é sugerida pela consideração de que descreve com um propósito específico: o de dar prazer. Aqui, então, aplicará o princípio de seleção, em que já se insistiu. Ele dependerá disso para remover o que de outro modo seria doloroso ou repugnante na paixão; sentirá que não há necessidade de ornamentar ou elevar a natureza; e, quanto mais industriosamente aplicar esse princípio, mais profunda será sua convicção de que nenhuma das palavras que *sua* fantasia ou imaginação venham a sugerir poderá comparar-se com aquelas que constituem emanações da realidade e da verdade.

Mas poderá ser alegado por aqueles que não se opõem ao espírito geral dessas observações que, como é impossível para o poeta produzir sempre linguagem tão primorosamente adequada à paixão quanto aquela que a própria paixão real sugere, é natural que ele deva considerar-se na situação de um tradutor, que não receia substituir por excelências de outro tipo aquelas que ficam fora do seu alcance, e que se empenha, ocasionalmente, por ultrapassar o original, a fim de compensar de algum modo a inferioridade geral a que deve submeter-se. Mas isso seria encorajar a ociosidade e a impotência do desespero. Além disso, é a linguagem de homens que falam do que eles não compreendem; que falam da poesia como questão de divertimento e prazer ocioso; que conversarão gravemente conosco sobre *gosto* por poesia, na expressão deles, como se fosse algo tão indiferente quanto um gosto por equilibrismo, Frontignan ou Xerez.[19] Aristóteles – disseram-me – afirmou que a poesia é o mais filosófico dos escritos;[20] e assim é: seu objeto é a verdade, não individual ou local, mas geral e operante; não baseada no testemunho exterior, mas conduzida viva ao coração pela paixão; verdade que é seu próprio testemunho, que confere competência e credibilidade ao tribunal a que apela, recebendo-as desse mesmo tribunal. A poesia é a imagem do homem e da natureza. Os obstáculos encontrados pelo biógrafo e pelo historiador no caminho da fidelidade, bem como no caminho da consequente utilidade de seus trabalhos, são incalculavelmente maiores do que aqueles que deverão ser confrontados pelo poeta que compreende a dignidade de sua arte. O poeta escreve sob uma única restrição, a saber, a necessidade de proporcionar prazer imediato a um ser humano envolvido com aquela informação que dele se pode esperar, não como advogado, médico, marinheiro, astrônomo ou filósofo da natureza, mas como homem. Exceto essa restrição, não há barreiras entre o poeta e a imagem das coisas; entre esta e o biógrafo ou o historiador, há milhares.

Não se permita, contudo, que essa necessidade de produzir prazer imediato seja considerada uma degradação da arte do poeta. Muito pelo contrário: trata-se de um reconhecimento da beleza do universo, o mais sincero reconhecimento, porque não formal, mas

---

[19] Tipos de vinho.
[20] É bem conhecida a passagem da *Poética*, de Aristóteles, aludida, que se encontra em seu capítulo IX: "[...] a poesia é algo de mais filosófico e mais sério do que a história, pois refere aquela principalmente o universal, e esta, o particular" (Aristóteles, 1966, p. 78).

indireto; trata-se de uma tarefa leve, fácil e ligeira para aquele que contempla o mundo com o espírito do amor; além disso, trata-se de homenagem prestada à dignidade congênita e natural do homem, ao grande princípio elementar do prazer, mediante o qual ele conhece, e sente, e vive e se move. Não temos empatia senão com aquilo que é propagado pelo prazer; não gostaria de ser mal compreendido, mas, sempre que a dor nos comove, verifica-se que a comoção é produzida e consumada por combinações sutis com o prazer. O conhecimento, isto é, os princípios gerais retirados da contemplação de fatos particulares, não é senão o que foi construído pelo prazer, existindo em nós exclusivamente em função do prazer. O homem de ciência, o químico e o matemático, quaisquer que tenham sido as dificuldades e repugnâncias com que tiveram de lutar, conhecem e sentem isso. Por mais dolorosos que sejam os objetos com que se relaciona o conhecimento do anatomista, este sente que seu conhecimento é prazer; e, onde ele não tem prazer, não tem conhecimento. O que então faz o poeta? Ele considera o homem e os objetos que o rodeiam agindo e reagindo uns sobre os outros, de modo a produzirem uma infinita complexidade de dor e prazer; considera o homem na sua própria natureza e na sua vida banal como um ser que a tudo isso contempla com certo grau de conhecimento imediato, com certas convicções, intuições e deduções que, a partir do hábito, adquirem a natureza de intuições; considera-o como um ser que contempla esse complexo cenário de ideias e sensações, e que encontra em toda parte objetos aptos a imediatamente suscitar nele comoções que, pelas necessidades da sua natureza, se fazem acompanhar pelo júbilo, que afinal predomina sobre a comoção, no conjunto assim constituído.

O poeta dirige sua atenção principalmente para esse conhecimento que todos os homens trazem consigo, bem como para as comoções de que, sem nenhuma disciplina senão a da nossa vida cotidiana, estamos aptos a desfrutar. Ele considera o homem e a natureza essencialmente adaptados um ao outro, e a mente do homem, o espelho natural das propriedades mais belas e atraentes da natureza. E assim o poeta, induzido por tal sentimento de prazer, que o acompanha ao longo de seus estudos, sintoniza-se com o conjunto da natureza, com afetos afins àqueles que, mediante labor e decurso de tempo, o homem de ciência cultiva em si próprio, tratando dos aspectos particulares da natureza que constituem o objeto dos seus estudos. O saber, tanto do poeta como do homem de ciência, é prazer; mas o saber do primeiro nos penetra como parte necessária da existência, ou herança natural e inalienável; o do segundo é uma aquisição pessoal e individual, de incorporação lenta, não nos ligando aos nossos semelhantes por empatia habitual e direta. O homem de ciência procura a verdade como um benfeitor remoto e desconhecido, ele a nutre e a ama na sua solidão; o poeta, entoando uma canção em que todos os seres humanos o acompanham, rejubila-se na presença da verdade como nossa amiga palpável e companheira de todas as horas. A poesia é o sopro e o espírito mais puro de todo o conhecimento; é a expressão apaixonada que constitui o fundamento de toda a ciência. Enfaticamente, pode dizer-se do poeta, como Shakespeare disse do homem, "que ele olha o antes e o depois".[21] Ele é o rochedo que defende a natureza humana; o que a sustenta e preserva, levando, aonde quer que vá, vínculos e amor. Apesar das diferenças de solo e clima, de linguagem e maneiras, de leis e costumes, apesar das coisas silenciosamente esquecidas e das coisas violentamente destruídas, o poeta une pela paixão e pelo conhecimento o vasto império da sociedade humana, como ele se estende por toda a terra e por todo o tempo. Os objetos do pensamento do poeta estão por toda parte; embora – é verdade – sejam seus guias favoritos os olhos e os sentidos do homem, ele perseguirá, onde quer que possa encontrá-la, uma atmosfera de sensação em que possa mover suas asas. A poesia é o primeiro e o último dos conhecimentos; é tão imortal quanto o coração do homem. Se os labores dos homens de ciência um dia criarem uma revolução material, direta

---

[21] William Shakespeare, *Hamlet*, IV, iv, 37.

ou indireta, na nossa condição e nas impressões que habitualmente recebemos, ainda assim o poeta não repousará mais do que hoje em dia; estará pronto para seguir os passos do homem de ciência não apenas nos efeitos indiretos gerais: estará também ao seu lado, levando sensação para o interior dos objetos da própria ciência. As mais abstrusas descobertas do químico, do botânico ou do mineralogista hão de ser objetos da arte do poeta tão apropriados quanto quaisquer outros sobre os quais ela possa exercer-se, se chegar o tempo em que tais coisas venham a nos ser familiares, tornando as relações sob as quais são contempladas por seus respectivos seguidores manifesta e palpavelmente materiais para a nossa condição de seres sujeitos à alegria e ao sofrimento. Se chegar o tempo em que aquilo que ora se chama *ciência*, então transformado em algo familiar aos homens, estiver pronto para apresentar-se, por assim dizer, sob uma forma de carne e osso, o poeta emprestará seu espírito divino para colaborar nessa transfiguração, e dará boas-vindas ao ente assim produzido, como hóspede querido e genuíno da morada humana. Não se deve pois supor que quem assuma a sublime noção de poesia que tentei transmitir viole a santidade e a verdade de seus quadros por via de ornamentos transitórios e acidentais, tentando atrair admiração por meio de artifícios cuja necessidade deve manifestamente decorrer da notória mediocridade do seu assunto.

    O que assim se disse até aqui aplica-se à poesia em geral, em especial àquelas partes da composição em que o poeta fala pela boca de seus personagens; e, sobre esse ponto, parece autorizar-se a conclusão de que poucas pessoas de bom senso não admitiriam que as partes dramáticas da composição se apresentam defeituosas à proporção que se desviam da linguagem real da natureza, colorindo-se pela dicção do próprio poeta, tanto peculiar a ele como poeta individual quanto simplesmente pertencente aos poetas em geral, isto é, a um grupo de homens do qual, pela circunstância de serem metrificadas as suas composições, se espera que empregue uma linguagem particular.

Não é, por conseguinte, nas partes dramáticas da composição que procuraremos essa distinção da linguagem; contudo, ela pode ser adequada e necessária onde o poeta nos fala em seu próprio nome e com sua própria personalidade. A isso respondo remetendo o leitor para a descrição do poeta antes apresentada. Entre as qualidades ali enumeradas como principais responsáveis pela formação de um poeta, nada há de diferente dos outros homens em natureza, mas apenas em grau. A súmula do que se disse é que o poeta se distingue dos outros homens principalmente por maior presteza para pensar e sentir sem estímulo externo imediato, bem como por maior poder na expressão dos pensamentos e sentimentos como nele se produzem por tal modo. Mas essas paixões e pensamentos e sentimentos são as paixões e pensamentos e sentimentos universais dos homens. E a que se associam eles? Sem dúvida, aos nossos sentimentos morais e sensações animais, bem como às causas que os provocam; à operação dos elementos e às aparências do universo visível; à tempestade e à luz do sol, à revolução das estações, ao frio e ao calor, à perda de amigos e parentes, a danos e ressentimentos, gratidão e esperança, ao medo e à dor. Estas sensações e objetos – e outras coisas do gênero – é que o poeta descreve, na medida em que se trata das sensações de outros homens e dos objetos pelos quais se interessa. O poeta pensa e sente no espírito das paixões dos homens. Como pode então sua linguagem diferir em grau da linguagem de todos os outros homens que sentem vividamente e veem com clareza? Poderia *comprovar-se* que isso é impossível. Mas, supondo que não fosse o caso, então deveria ser permitido ao poeta usar uma linguagem peculiar ao expressar seus sentimentos para satisfação própria, ou para deleite de homens a ele semelhantes. Mas poetas não escrevem exclusivamente para poetas, e sim para os homens. Portanto, a não ser que advoguemos essa admiração que depende da ignorância e esse prazer que surge de ouvir o que não entendemos, o poeta deve descer dessa pretensa altura e exprimir-se como os outros homens, de forma a suscitar empatia racional. A isso pode-se acrescentar que, enquanto o poeta se limita a selecionar a partir da linguagem real dos homens, ou, o que dá no mesmo, a compor corretamente no espírito dessa seleção, estará pisando em terreno seguro, e sabemos o que devemos esperar dele. Nossos sentimentos são os mesmos no que se refere à métrica; pois, como será conveniente lembrar ao leitor, a métrica se distingue pela regularidade e pela uniformidade, e não, como o produto do que habitualmente se chama *dicção poética*, pela arbitrariedade e sujeição a uma infinidade de caprichos absolutamente imprevisíveis. Num dos casos, o leitor está totalmente à mercê do poeta, no que diz respeito às imagens ou à dicção que ele pode escolher para associar à paixão; no outro, a métrica obedece a leis fixas a que tanto o poeta como o leitor se submetem de bom grado, porque elas são fixas, além de não interferirem na paixão, a não ser para elevar e aumentar o prazer que com ela coexiste, como tem demonstrado o testemunho unânime dos tempos.

Será agora conveniente responder a uma questão óbvia: por que, professando essas opiniões, escrevi em verso? Devo acrescentar à resposta implícita no que já foi dito: porque, não obstante possa ter-me contido, permanece aberto para mim, para suprir-me de infinitas combinações de formas e imagens, o que reconhecidamente constitui o mais valioso objeto do processo de escrever, tanto em prosa como em verso: as grandes e universais paixões dos homens, a mais geral e atraente de suas ocupações, bem como todo o mundo natural à minha frente. Agora, supondo por um momento que possa ser descrito também vividamente em prosa o que houver de atraente nesses objetos, por que deveria eu ser condenado por tentar acrescentar a tais descrições o encanto que, por consenso de todas as nações, se reconhece existir na linguagem métrica? Aqueles que ainda não estão convencidos podem responder que apenas uma pequena proporção do prazer advindo da poesia depende da métrica; que é desaconselhável escrever em verso sem utilizar, ao mesmo tempo, outras distinções artificiais de estilo de que a métrica habitualmente se faz acompanhar; que, com tal desvio, perder-se-á mais – em função do choque que a partir daí se dará nas associações do leitor – do que se ganhará com qualquer prazer que possa derivar do poder geral do ritmo. Em resposta àqueles que ainda se batem pela necessidade de fazer acompanhar a métrica pelas cores de estilo próprias para o alcance dos seus devidos fins, e que, em minha opinião, subestimam grandemente a eficácia da métrica em si mesma, deveria, talvez, ter sido suficiente, no que diz respeito a estes volumes,[22] observar que sobrevivem poemas escritos sobre assuntos ainda mais modestos, e num estilo ainda mais despojado e simples, os quais têm continuado a dar prazer de geração em geração. Agora, se o despojamento e a simplicidade constituem um defeito, o fato aqui mencionado sustenta a firme suposição de que poemas um pouco menos despojados e menos simples são capazes de proporcionar prazer hoje em dia; e o que aqui desejei *principalmente* tentar foi justificar-me por ter escrito sob o efeito dessa convicção.

Mas poderiam apontar-se várias causas pelas quais, quando o estilo é viril e o assunto de alguma importância, palavras em arranjo métrico continuarão durante muito tempo a transmitir esse prazer à humanidade, de modo que, quem experimentar a intensidade dele desejará transmiti-lo. O fim da poesia é produzir comoção simultaneamente a certo predomínio do prazer. Mas, por pressuposição, a comoção constitui um estado mental invulgar e irregular; ideias e sentimentos, nesse estado, não se sucedem uns aos outros na ordem costumeira. Se, contudo, forem em si mesmas poderosas as palavras pelas quais se produz a comoção, ou se as imagens e os sentimentos contiverem um grau indevido de dor associado a eles, há algum risco de que a comoção seja conduzida além dos seus devidos limites. Ora, a copresença de algo regular, algo a que a mente se acostumou sob disposições variadas e sob comoção menos intensa, não pode senão ter grande eficácia para temperar e conter a paixão, mediante entrelaçamento com o sentimento banal,

---

[22] Isto é, os dois volumes das *Lyrical Ballads*, na sua edição de 1800.

ou não estrita e necessariamente associado à paixão. Isso é, sem dúvida, verdadeiro; portanto, apesar de a opinião parecer a princípio paradoxal, em função da tendência da métrica para, até certo ponto, despojar a linguagem da sua realidade, assim envolvendo toda a composição numa espécie de semiconsciência desprovida de peso substancial, não há dúvida de que situações e sentimentos mais patéticos, isto é, aqueles que apresentam maior intensidade de dor a eles associada, podem conformar-se à composição métrica, especialmente quando rimada, melhor do que à prosa. O metro das antigas baladas é extremamente desprovido de artifícios, embora elas contenham muitas passagens que poderiam ilustrar essa opinião; e – espero –, se os poemas seguintes forem atentamente apreciados, exemplos similares serão neles encontrados. Essa opinião pode ser ainda ilustrada apelando para a própria experiência do leitor, sua relutância em reexaminar as partes angustiosas de *Clarissa Harlowe*[23] ou de *The Gamester*,[24] ao passo que os escritos de Shakespeare, nas cenas mais patéticas, nunca agem sobre nós, como patéticos, além dos limites do prazer – um efeito que, num grau muito maior do que à primeira vista pode ser imaginado, deve ser atribuído a pequenos, porém contínuos e regulares, impulsos de surpresa deleitosa decorrentes do arranjo métrico. Contudo – o que se deve admitir acontecer com mais frequência –, se as palavras do poeta forem incomensuráveis com a paixão e inadequadas para erguer o leitor à altura da comoção desejável, então – a menos que a escolha do metro pelo poeta tenha sido grosseiramente desavisada –, nos sentimentos de prazer que o leitor acostumou-se a associar à métrica em geral, bem como nos sentimentos alegres ou melancólicos que ele se acostumou a associar a certo movimento específico de métrica, achar-se-á algo que contribuirá grandemente

---

[23] *Clarissa, or the History of a Young Lady* (1748), romance de Samuel Richardson (1689-1761).
[24] Peça de James Shirley (ou Sherley) (1596-1666), encenada pela primeira vez em 1633 e publicada em 1637.

para comunicar paixão às palavras e para o alcance do fim complexo que o poeta se propõe.

Se eu tivesse empreendido uma defesa *sistemática* da teoria aqui sustentada, teria sido meu dever explicar as várias causas de que depende o prazer oriundo da linguagem metrificada. Entre as principais, há que considerar um princípio que deve ser bem conhecido de todos aqueles que fizeram de uma das artes objeto de reflexão acurada: o prazer que a mente faz derivar da percepção da semelhança na dessemelhança. Esse princípio constitui a grande fonte da nossa atividade mental, sendo seu mais importante alimento. Nesse princípio, tem origem a orientação do apetite sexual, bem como as paixões a ele associadas; ele é a vida da nossa conversação cotidiana, e é do rigor com que se percebe semelhança na dessemelhança, e dessemelhança na semelhança, que dependem nosso gosto e nossos sentimentos morais. Não teria sido empreendimento inútil aplicar esse princípio à consideração da métrica, demonstrando que é a partir dele que a métrica se habilita a proporcionar prazer, e apontando a maneira pela qual se produz esse prazer. Mas meus limites não me permitirão entrar nesse assunto, e devo contentar-me com um sumário geral.

Eu disse que a poesia é o transbordar espontâneo de poderosos sentimentos; ela tem origem na emoção rememorada em tranquilidade: contempla-se a emoção até que, por uma espécie de reação, a tranquilidade gradualmente desaparece, e certa emoção, congênere àquela que antes fora submetida à contemplação, gradualmente se produz e passa de fato a existir na mente. É sob essa disposição que geralmente começa a composição bem-sucedida, e é sob uma disposição semelhante a esta que ela é arrematada; mas a emoção, não importa o tipo ou a intensidade, em função de várias causas deixa matizar-se por vários prazeres, de modo que, descrevendo qualquer paixão, desde que de maneira voluntária, a mente encontrar-se-á em geral num estado de júbilo. Se, portanto, a natureza for cuidadosa em preservar num estado de júbilo um ser assim empenhado, o poeta deveria tirar proveito da lição que se lhe apresenta, e deveria especialmente, quaisquer que sejam as paixões que comunique ao leitor de mente sã e vigorosa, zelar para que seja o prazer o componente predominante em tais paixões. Ora, a música da linguagem métrica harmoniosa, o senso de dificuldade ultrapassada, a impensada associação com o prazer previamente haurido em obras rimadas ou metrificadas de construção igual ou semelhante, além de uma vaga percepção continuamente renovada de uma linguagem muito próxima à da vida real e, ainda assim, pela circunstância da métrica, dela tão distinta – tudo isso cria, imperceptivelmente, um complexo sentimento de deleite que se revela da maior eficácia na moderação do sentimento aflitivo que sempre perpassa as descrições das paixões mais profundas. Esse efeito é sempre produzido na poesia patética e apaixonada, enquanto, em composições mais leves, a facilidade e a graça com que o poeta maneja seus ritmos constituem por si mesmas, reconhecidamente, uma fonte essencial de satisfação do leitor. Entretanto, tudo o que é *necessário* dizer sobre esse assunto pode convergir em afirmação que poucos poderão negar: entre duas descrições, de paixões, maneiras ou personagens, ambas igualmente bem executadas, uma em prosa e outra em verso, esta será lida uma centena de vezes, ao passo que aquela, apenas uma.

Tendo assim explicado algumas de minhas razões para escrever em verso, bem como por que escolhi assuntos da vida banal, tentando aproximar minha linguagem da linguagem real dos homens, se fui demasiado minucioso na defesa de minha causa, ao mesmo tempo estive tratando um assunto de interesse geral; e, por isso, umas poucas palavras devem ser acrescentadas em referência exclusiva a esses poemas específicos, bem como relativas a alguns defeitos que provavelmente neles se encontrarão. Estou consciente de que minhas associações devem, por vezes, ter sido particulares em lugar de gerais, bem como de que, consequentemente, atribuindo a certas coisas uma falsa importância, posso ter escrito sobre assuntos indignos; mas estou menos apreensivo a esse respeito do que com a possibilidade de que minha linguagem se ressinta de conexões arbitrárias de sentimentos e ideias com palavras e expressões específicas de que nenhum homem pode completamente proteger-se. Por isso, não tenho dúvidas de que, em alguns casos, sentimentos até mesmo ridículos podem ser transmitidos aos meus leitores por meio de expressões que me pareceram ternas e patéticas. Tais expressões equivocadas, estivesse eu convencido de que são hoje equivocadas, e de que necessariamente hão de permanecer como tal, de boa vontade faria tudo para corrigi-las. No entanto, é perigoso fazer essas alterações com base na simples autoridade de alguns indivíduos, ou mesmo de certa classe de homens; pois, quando a compreensão de um autor não está convencida, nem seus sentimentos alterados, isso não pode ser feito sem grandes danos para ele; porque seus sentimentos constituem seu esteio e suporte, e assim, caso numa circunstância específica os deixe de lado, ele pode ser induzido a repetir esse ato até sua mente perder toda a autoconfiança, ficando completamente debilitado. A isso pode acrescentar-se que o crítico nunca deve esquecer que ele próprio está exposto aos mesmos erros a que se expõe o poeta, e talvez em maior grau, pois não é presunção dizer da maioria dos leitores não ser provável que estejam tão familiarizados com os vários estágios de sentido pelos quais têm passado as palavras, nem com a inconstância ou a estabilidade das relações recíprocas entre ideias específicas, nem tampouco, e acima de tudo, estando eles muito menos interessados no assunto, que possam decidir com ligeireza e descuido.

Por mais que tenha retido o leitor, espero que ele me permita ainda preveni-lo contra um tipo de falsa crítica que tem sido aplicada à poesia cuja linguagem se assemelha de perto à da vida e à da natureza. Esses versos têm sido tripudiados em paródias, de que a seguinte estrofe do Dr. Johnson[25] é um belo exemplar:

---

[25] Samuel Johnson (1709-1784), poeta e crítico inglês.

Botei o chapéu na cabeça,
E caminhei para a praia,
E lá encontrei outro homem
Que tinha o chapéu na mão.[26]

Logo adiante desses versos, coloquemos uma das mais justamente admiradas estrofes de "Babes in the Wood":[27]

As lindas criancinhas de mãos dadas
Iam passeando por aí,
Mas nunca mais viram o homem
Que chegava da cidade.[28]

Em ambas as estrofes, as palavras e sua ordem não diferem, quanto a qualquer aspecto, da conversa mais desapaixonada. Há palavras em ambas – por exemplo, "the Strand" e "the town" – que não estão associadas senão às ideias mais familiares; no entanto, uma estrofe consideramos admirável, e a outra, um bom exemplo do que há de mais superlativamente desprezível. De onde surge essa diferença? Nem da métrica, nem da linguagem, nem da ordem das palavras; mas a *matéria* expressa na estrofe do Dr. Johnson é desprezível. O método próprio para tratar versos triviais e simples, em relação aos quais a estrofe do Dr. Johnson constitui um justo termo de comparação, não consiste em afirmar "isto é má poesia", ou "isto não é poesia", mas "isto não faz sentido"; não é atraente em si mesmo, nem pode conduzir a nada de atraente; as imagens não se originam no estado salutar do sentir que surge do pensamento, nem são capazes de estimular o leitor a pensar ou sentir. Esta constitui a única maneira sensata de lidar com esses versos. Por que preocupar-se com a espécie antes de ter previamente decidido sobre o gênero? Por que

---

[26] No original: "I put my hat upon my head, / And walked into the Strand, / And there I met another man / Whose hat was in his hand."
[27] Balada de autor desconhecido.
[28] No original: "These pretty Babes with hand in hand / Went wandering up and down; / But never more they saw the man / Approaching from the Town."

fazer tudo para provar que um macaco não é um Newton, quando é autoevidente que não se trata de um homem?

Um pedido devo fazer ao meu leitor: que, ao julgar esses poemas, decida genuinamente por seus próprios sentimentos, e não por reflexo do que provavelmente será um julgamento de outros. Como é usual ouvir uma pessoa dizer: "Eu próprio não faço objeções a este estilo de composição, a esta ou àquela expressão, mas para tais e tais classes de pessoas ele parecerá medíocre ou ridículo." Essa modalidade de crítica, tão destrutiva de todo julgamento são e íntegro, é quase universal; deixemos pois o leitor situar-se de modo independente e pelos seus próprios sentimentos, e, caso se veja sensibilizado, que não interfiram essas conjecturas no seu prazer.

Se um autor, mediante uma única composição, nos impressionou por seu talento, convém considerar que isso nos permite presumir que, em outras ocasiões, quando nos desagradou, talvez não tenha escrito mal ou disparatadamente; e, além disso, convém dar-lhe crédito pela tal única composição, de modo a induzir-nos a rever o que nos desagradou, com mais cuidado do que de outra maneira lhe teríamos concedido. Isso não é apenas um ato de justiça, mas, especialmente quanto a nossos juízos sobre a poesia, pode em boa medida conduzir ao aperfeiçoamento do nosso próprio gosto; pois um gosto *acurado* em poesia, e em todas as outras artes, como observou Sir Joshua Reynolds,[29] constitui um talento *adquirido* que só pode ser produto de reflexão e de um longo e contínuo contato com os melhores modelos de composição. Isso é mencionado não com o ridículo propósito de impedir que o leitor mais inexperiente julgue por si próprio (já disse que desejo que o faça), mas apenas para moderar a precipitação do juízo e para sugerir que, se a poesia for um objeto a que não se concedeu muito tempo, o julgamento pode estar errado, e, em muitos casos, necessariamente estará.

[29] Pintor e escritor inglês (1723-1792).

Nada – eu sei – teria contribuído com tanta eficácia para favorecer o fim que tenho em vista quanto ter mostrado de que natureza é e como se produz o prazer reconhecidamente oriundo de composição métrica essencialmente diferente das que me esforcei por recomendar aqui; pois o leitor poderá dizer que essas composições lhe deram prazer; e o que mais pode ser feito por ele? O poder de qualquer arte é limitado; e ele suspeitará que, se lhe forem propostos novos amigos, isso só pode ser sob a condição de abandonar os antigos. Além disso, como afirmei, o próprio leitor tem consciência do prazer oriundo dessa composição, composição a que privativamente atribuiu o afetuoso nome de *poesia*; e todos os homens experimentam um sentimento de costumeira gratidão, além de certa nobre idolatria, pelos objetos que, ao longo de um tempo extenso, permanecem agradáveis e caros para ele: não desejamos apenas a satisfação, mas a satisfação do modo específico como nos habituamos a obtê-la. Há, nesses sentimentos, o bastante para resistir a uma legião de argumentos; e eu devo ser o menos capacitado para combatê-los com êxito, na medida em que estou propenso a admitir que, a fim de apreciar plenamente a poesia que recomendo, seria necessário abrir mão de muito do que em geral se aprecia. Mas, tivessem os meus limites permitido apontar como se produz esse prazer, muitos obstáculos teriam sido removidos, e o leitor teria sido auxiliado a perceber que os poderes da linguagem não são tão limitados como ele pode supor; e que é possível à poesia proporcionar outros contentamentos, de natureza mais pura, mais duradoura e fora do comum. Esse aspecto do assunto não chegou a ser totalmente negligenciado, mas meu alvo não foi tanto provar que a atração despertada por certos tipos de poesia é menos intensa e menos digna dos poderes mais nobres da mente, quanto oferecer razões para presumir que, se meu propósito foi alcançado, terá sido produzida certa espécie de poesia que, na sua natureza bem adaptada para permanentemente atrair a humanidade, constitui poesia não só genuína, mas também importante pela multiplicidade e quantidade de suas implicações morais.

A partir do que foi dito, e da minuciosa apreciação desses poemas, o leitor se capacitará a perceber claramente o objetivo que tive em vista; determinará até que ponto foi alcançado, e – o que constitui questão mais importante – se terá valido a pena alcançá-lo; e da resposta a essas duas questões dependerá minha pretensão aos favores do público.

APÊNDICE AO PREFÁCIO
[À SEGUNDA EDIÇÃO DAS *BALADAS LÍRICAS*][1]
WILLIAM WORDSWORTH

Como não tenho o direito de esperar aquela atenta apreciação sem a qual, confinado como estive aos limites estreitos de um prefácio, o que quis dizer talvez não possa ser completamente compreendido, estou ansioso por dar noção exata do sentido em que a expressão *dicção poética* foi usada, e, com esse propósito, algumas poucas palavras devem ser acrescentadas, concernentes à origem e às características dessa locução, que condenei sob aquele nome.

Os primeiros poetas de todas as nações geralmente escreveram em decorrência de uma paixão despertada por eventos reais; escreveram naturalmente e como homens. Tomados por sentimentos poderosos, sua linguagem era ousada e figurativa. Em épocas posteriores, os poetas e os que ambicionavam sua fama, percebendo a influência dessa linguagem e desejosos de produzir o mesmo efeito, não estando, contudo, animados pela mesma paixão, dispuseram-se a uma adoção mecânica daquelas figuras de discurso, e fizeram uso delas às vezes com propriedade, mas, muito mais frequentemente,

---

[1] Publicado pela primeira vez na edição de 1802 das *Lyrical Ballads*, como aditamento ao prefácio da edição de 1800, com o declarado propósito de esclarecer expressão que nele empregara – *dicção poética* – sem propriamente defini-la.

aplicaram-nas a sentimentos e pensamentos com os quais elas não tinham qualquer conexão natural. Assim, insensivelmente, produziu-se uma linguagem que diferia materialmente da linguagem real dos homens em *qualquer situação*. O leitor ou o ouvinte desta linguagem distorcida achou-se num estado de espírito perturbado e incomum; quando afetado pela genuína linguagem da paixão, tinha também ficado num estado de espírito perturbado e incomum, mas, em ambos os casos, resolvia que seu julgamento e sua compreensão normais deveriam permanecer adormecidos, e não dispunha de percepção instintiva ou infalível do verdadeiro que o fizesse rejeitar o falso: um servia de salvo-conduto para o outro. A emoção era, em ambos os casos, deleitosa, e não admira que ele confundisse uma linguagem com a outra, e acreditasse que ambas tinham sido produzidas por causas idênticas ou similares. Além disso, o poeta lhe falava na condição de um homem que devia ser respeitado, um homem de gênio e autoridade. Por isso, e várias outras causas, recebia-se com admiração essa linguagem distorcida, e os poetas – é provável –, que antes se contentavam na maior parte dos casos em aplicar mal somente expressões que inicialmente tinham sido ditadas por paixão real, levaram ainda mais longe esse abuso, e introduziram locuções compostas aparentemente no espírito da originária linguagem figurativa da paixão, porém completamente de sua invenção, e caracterizadas por vários graus de desenfreado desvio do bom senso e da natureza.

É de fato verdade que a linguagem dos primeiros poetas foi percebida como materialmente distinta da linguagem comum, porque era usada em ocasiões extraordinárias; mas era realmente falada pelos homens, sendo a linguagem que o próprio poeta articulara quando tinha sido afetado pelos eventos que descrevia, ou que ouvira articulada pelos que estavam à sua volta. É provável que a esta linguagem cedo se tenha acrescentado algum tipo de metro. Isto separou ainda mais da vida comum a linguagem genuína do poeta, de modo que quem quer que lesse ou ouvisse os poemas desses primeiros poetas sentia-se comovido de um jeito com o qual não estava acostumado a comover-se na vida real, e por causas manifestamente diferentes daquelas que sobre ele atuavam na vida real. Tal foi a grande tentação para toda a corrupção que se seguiu: sob a proteção desse sentimento, os poetas posteriores construíram locuções que – é verdade – compartilhavam com a genuína linguagem da poesia uma característica, a saber, que não eram ouvidas na conversação normal, que eram incomuns. Mas os primeiros poetas, como eu disse, falavam uma linguagem que, embora incomum, ainda era a linguagem dos homens. Esta circunstância, contudo, deixou de ser observada por seus sucessores; estes acharam que podiam agradar por meios mais fáceis: tornaram-se orgulhosos de modos de expressão que eles mesmos tinham inventado, e que eram articulados só por eles próprios. Com o tempo, o metro tornou-se símbolo ou penhor dessa linguagem incomum, e quem quer que tomasse a si a tarefa de escrever, conforme tivesse menos ou mais gênio poético verdadeiro, introduzia mais ou menos dessas locuções adulteradas em suas composições, e o verdadeiro e o falso ficaram inseparavelmente entretecidos, até que, tornando-se gradualmente pervertido o gosto dos homens, esta linguagem foi recebida como natural, e, por fim, com a influência dos livros, em certa medida ela realmente assim se tornou. Abusos dessa espécie foram importados de uma nação a outra, e, com o avanço do refinamento, essa dicção tornou-se dia a dia mais e mais corrupta, tirando de cena, por meio de certa mascarada confusa de truques, excentricidades, hieróglifos e enigmas, o espontâneo e natural das humanidades.[2]

Não seria desinteressante apontar as causas do prazer proporcionado por essa dicção extravagante e absurda. Ela deriva de grande variedade de causas, mas talvez, sobretudo, da sua influência não só para a difusão de certa imagem da peculiaridade e elevação do

---

[2] A palavra aqui se emprega, ao que parece, com o significado de "belas-letras", uma das acepções do substantivo *humanities* (e do seu correspondente em português, *humanidades*), que se tornou pouco corrente a partir do século XIX. No original, lê-se "the plain humanities of nature", expressão que certamente comporta outras soluções tradutórias.

caráter do poeta, mas também para lisonjear o amor-próprio do leitor, ao assinalar suas afinidades com o poeta, efeito que se alcança desestabilizando hábitos comuns de pensar, e assim auxiliando o leitor a aproximar-se desse estado de espírito perturbado e aturdido com o qual precisa identificar-se, sob pena de se imaginar *privado* de um contentamento peculiar que a poesia pode ou deve outorgar.

O soneto de Gray[3] transcrito no prefácio consiste, com exceção dos versos em itálico, em pouco mais do que essa dicção, embora não da pior espécie; e de fato, se a alguém for permitido assim dizer, ela é muito comum nos melhores escritores, tanto antigos como modernos. Talvez, mediante um exemplo concreto, não se possa mais facilmente dar uma noção do que eu quis dizer com a expressão *dicção poética* do que remetendo para uma comparação entre as paráfrases métricas que temos de passagens do Antigo Testamento e essas mesmas passagens como se encontram na nossa tradução comum. Veja-se todo o "Messias" de Pope;[4] e de Prior:[5] "Sons mais doces adornam a minha língua fluente" etc. etc.; "Ainda que eu falasse com a língua dos homens e dos anjos" etc. etc. (1 Coríntios, 13). A título de exemplo imediato, tome-se o seguinte do Dr. Johnson:

> Põe na prudente formiga teus olhos descuidados,
> Observa os seus labores, ó preguiçoso, e sê prudente:
> Nem duro comando, nem voz admoestadora
> Prescreve-lhe os deveres ou lhe dirige a escolha;
> Porém, sem perder tempo, ela se apressa,
> Para arrebatar as bênçãos de um dia frutuoso.
> Quando o verão fecundo carrega a fértil planície,
> Ela faz a colheita e guarda os grãos.
> Até quando a preguiça te usurpará as hora inúteis,
> Te enfraquecerá o vigor e te acorrentará as forças?

---

[3] Thomas Gray (1716-1771), poeta inglês.
[4] Alexander Pope (1688-1744), poeta inglês.
[5] Matthew Prior (1664-1721), poeta inglês.

Enquanto sombras ardilosas te cercam o macio leito,
E suaves apelos te chamam ao repouso,
Entre encantos macios de lânguidas delícias,
Fogem os anos perseguindo-se sem cessar,
Até que a penúria, lenta e cheia de enganos,
Inimiga à espreita, há de agarrar-te num salto.[6]

Desse tumulto verbal, passemos ao original. "Vai, preguiçoso, ter com a formiga, considera seu proceder e sê prudente; ela, não tendo guia, supervisor ou mestre, prepara suas provisões no verão e junta sua comida na colheita. Até quando, preguiçoso, dormirás? Quando te levantarás desse sono? Ainda uma soneca, mais um soninho, um encolher-se para dormir. Assim tua pobreza há de vir como um vagabundo, e tua miséria, como um homem armado" (Provérbios, 6).[7]

Mais uma citação e terei concluído. É dos versos de Cowper,[8] que, ficcionalmente, são escritos por Alexander Selkirk:[9]

Religião! Que tesouro inaudito
Reside em tal palavra celestial!
Mais preciosa que prata e ouro

[6] No original: "Turn on the prudent Ant thy heedless eyes, / Observe her labours, Sluggard, and be wise; / No stern command, no monitory voice, / Prescribes her duties, or directs her choice; / Yet, timely provident, she hastes away / To snatch the blessings of a plenteous day; / When fruitful Summer loads the teeming plain, / She crops the harvest, and she stores the grain. / How long shall sloth usurp thy useless hours, / Unnerve thy vigour, and enchain thy powers? / While artful shades thy downy couch enclose, / And soft solicitation courts repose, / Amidst the drowsy charms of dull delight, / Year chases year with unremitted flight, / Till Want now following, fraudulent and slow, / Shall spring to seize thee, like an ambush'd foe."

[7] No original: "Go to the Ant, thou Sluggard, consider her ways, and be wise: which having no guide, overseer, or ruler, provideth her meat in the summer, and gathereth her food in the harvest. How long wilt thou sleep, O Sluggard? When wilt thou arise out of thy sleep? Yet a little sleep, a little slumber, a little folding of the hands to sleep. So shall thy poverty come as one that travelleth, and thy want as an armed man."

[8] William Cowper (1731-1800), poeta inglês.

[9] Marinheiro escocês (1676-1721) que, para evitar um naufrágio iminente, desembarcou numa ilha deserta do Pacífico, onde, com um mínimo de recursos materiais e dispondo de uma *Bíblia*, viveu sozinho por quatro anos.

Ou do que tudo que a terra pode dar.
Mas o som do sino de igreja
Nunca ouviram estes vales e rochas,
Nunca seu dobre os fez suspirar,
Nem sorrir ao raiar de um sábado.

Ó ventos, que de mim zombam,
Trazei a esta praia desolada
Notícias boas
De uma terra que não mais verei.
Ó meus amigos, eles ainda hão de enviar-me,
De vez em quando, um desejo, um pensamento?
Ó, dizei-me que tenho ainda um amigo,
Embora um amigo que não mais verei.[10]

Esta passagem é citada como exemplo de três diferentes estilos de composição. Os primeiros quatro versos são pobremente construídos; alguns críticos taxariam a linguagem de prosaica; o fato é que seria prosa ruim, tão ruim que, metrificada, pouco pioraria. O epíteto *de igreja*[11] aplicado a um sino, e por um escritor tão castiço como Cowper, é um exemplo dos estranhos abusos que os poetas introduziram em suas linguagens, até eles e seus leitores tomá-los por fatos naturais, se é que não os elegem expressamente como objetos de admiração. Os dois versos "Nunca seu dobre os fez suspirar" etc.[12] são, em minha opinião, um exemplo da linguagem da paixão

---

[10] No original: "Religion! what treasure untold / Resides in that heavenly word! / More precious than silver and gold, / Or all that this earth can afford. / But the sound of the church-going bell / These valleys and rocks never heard, / Ne'er sighed at the sound of a knell, / Or smiled when a sabbath appeared. // Ye winds, that have made me your sport / Convey to this desolate shore / Some cordial endearing report / Of a land I must visit no more. / My Friends, do they now and then send / A wish or a thought after me? / O tell me I yet have a friend, / Though a friend I am never to see."
[11] No original, "church-going" (literalmente, "de ir à igreja").
[12] No original, "Ne'er sighed at the sound of a knell, / Or smiled when a sabbath appeared" (literalmente, "Nunca suspirou ao som de um dobre, / Ou sorriu quando um sábado apareceu").

desvirtuada do seu uso próprio, em função da mera circunstância de a composição ser metrificada, aplicada numa ocasião que não justifica essas expressões veementes; e eu condenaria a passagem como dicção poética viciosa, ainda que talvez poucos leitores venham a concordar comigo. A última estância está por inteiro admiravelmente construída; seria igualmente boa em prosa ou em verso, à parte o fato de que o leitor experimenta um fino prazer em ver essa linguagem natural tão naturalmente conectada com o metro. A beleza desta estância me deixa tentado a concluir com um princípio que nunca deve ser perdido de vista, e que tem sido meu principal guia em tudo o que disse, isto é: que, em obras de *imaginação e sensibilidade* – pois somente destas tenho tratado –, na proporção em que as ideias e os sentimentos são preciosos, seja a composição em prosa ou em verso, requerem elas uma só e mesma linguagem, e a locução para a qual o presente salvo-conduto se faz necessário,[13] mesmo onde ela possa ser inteiramente agradável, será de pouca valia para os judiciosos.

[13] Isto é, a expressão *dicção poética*, empregada no primeiro parágrafo do texto.

2

HAZLITT

SOBRE A POESIA EM GERAL[1]
WILLIAM HAZLITT

A melhor noção geral que posso dar de poesia é que ela consiste na impressão natural de qualquer objeto ou evento cuja intensidade provoca um movimento involuntário da imaginação e da paixão, e produz, por empatia, certa modulação da voz ou dos sons que a expressam.

Tratando de poesia, falarei primeiro dos seus temas, em seguida das formas de expressão a que ela dá origem e, depois, de sua conexão com a harmonia do som.

A poesia é a linguagem da imaginação e das paixões. Ela diz respeito a tudo que proporciona prazer ou causa dor à mente humana. Instala-se no coração e nas ocupações dos homens,[2] pois nada senão o que assim neles se instala de mais geral e inteligível pode ser tema para a poesia. A poesia é a linguagem universal que o coração conserva com naturalidade e consigo mesmo. Quem despreza a poesia não pode ter muito respeito por si mesmo ou por qualquer outra coisa. Ela não é um mero dote frívolo (como alguns foram levados a imaginar), divertimento insignificante de uns poucos leitores ociosos ou das horas de lazer;[3] tem constituído objeto de estudo e ocasião de deleite para a humanidade em todas as épocas. Muitos supõem que a poesia é algo a ser encontrado só em livros, contido em versos de dez sílabas,

---
[1] O texto constitui a primeira das *Lectures on the English Poets* (1818).
[2] Frase decalcada em passagem da dedicatória dos *Ensaios* (1625), de Francis Bacon (1561-1626).
[3] Alusão a Wordsworth, Prefácio às *Baladas Líricas* (1800).

com finais coincidentes; mas onde quer que haja um senso de beleza, ou de poder, ou de harmonia – como no movimento de uma onda no mar, no crescimento de uma planta em flor que "espalha suas folhas delicadas no ar, e dedica ao Sol sua beleza"–,[4] *há* poesia, no seu nascedouro. Se a história é um estudo sério, pode-se dizer que a poesia o é mais ainda:[5] seus materiais jazem mais fundo e se disseminam mais amplamente. A história trata, na maior parte das vezes, da enfadonha e desajeitada massa de coisas, dos recipientes vazios onde os casos do mundo são empacotados, sob os títulos de intriga ou de guerra, em diferentes circunstâncias e de século a século; mas não há pensamento ou sentimento que possa ter entrado na mente do homem, que ele ficasse ansioso para comunicar a outros, ou que não ouvissem com deleite, que não seja tema apropriado para a poesia. Ela não é uma ramificação da autoria; consiste na "matéria de que se faz a nossa vida".[6] O resto é "mero esquecimento",[7] letra morta; pois tudo o que é digno de lembrar na vida é a sua poesia. O medo é poesia, a esperança é poesia, o amor é poesia, o ódio é poesia; desprezo, ciúme, remorso, admiração, espanto, piedade, desespero ou loucura, tudo é poesia. A poesia é aquela admirável partícula dentro de nós que expande, torna invulgar, depura, eleva todo o nosso ser; sem ela, "a vida do homem é pobre como a das bestas".[8] O homem é um animal poético; e aqueles que não estudam os princípios da poesia agem de acordo com eles por toda a vida, como *Le Bourgeois Gentilhomme*,[9] de Molière, que sempre falara prosa sem o saber. A criança é um poeta, de fato, quando pela primeira vez brinca de esconde-esconde, ou repete

---

[4] Alusão a William Shakespeare (1564-1616), *Romeu e Julieta* (1597), I, i, 150-151.
[5] Alusão à famosa passagem da *Poética*, de Aristóteles, em cujo capítulo IX se lê: "[...] a poesia é algo de mais filosófico e mais sério do que a história, pois refere aquela principalmente o universal, e esta, o particular" (Aristóteles, 1966, p. 78).
[6] Alusão a Shakespeare, *A Tempestade* (1623), IV, i, 156-157.
[7] Alusão a Shakespeare, *Como Gostas* (1623), II, vii, 165.
[8] Alusão a Shakespeare, *Rei Lear* (1608), II, iv, 226.
[9] Comédia de Molière (1622-1673) encenada pela primeira vez em 1670, que tem por personagem central Jourdain, o burguês fidalgo.

a história de Jack Matador de Gigante;[10] o pastor é um poeta quando pela primeira vez coroa sua amada com uma grinalda de flores; o camponês, quando se detém para olhar o arco-íris; o recém-chegado à cidade, quando fixa o olhar na pompa do lorde-prefeito; o avarento, quando abraça seu ouro; o cortesão, que constrói sua esperança sobre um sorriso; o selvagem, que pinta com sangue seu ídolo; o escravo, que venera um tirano, ou o tirano, que se julga um deus; o homem vaidoso, o ambicioso, o orgulhoso, o colérico, o herói e o covarde, o mendigo e o rei, o rico e o pobre, o jovem e o velho, todos vivem num mundo de sua própria lavra; e o poeta não faz mais do que descrever o que todos os outros pensam e fazem. Se sua arte é desatino e loucura, será desatino e loucura em segunda mão. "Ela tem respaldo."[11] Nem só os poetas têm "esses cérebros ferventes, essas fantasias bem compostas, que apreendem mais do que pode a fria razão".[12]

> O lunático, o amante e o poeta
> São vigorosos de imaginação.
> Um vê mais demônios do que pode comportar o vasto inferno:
> O louco. O amante, igualzinho ao furioso,
> Vê belezas de Helena em egípcias feições.
> Os olhos do poeta, em rodízio admirável e frenético,
> Passam do céu à terra e desta àquele;
> E como a imaginação empresta corpo
> A coisas não sabidas, a pena do poeta
> As torneia numa forma, e dá ao nada e aéreo
> Lugar determinado e nome.
> Tais sortilégios tem a imaginação.[13]

---

[10] Mais comumente chamada "Jack and the Beanstalk" ("João e o Pé de Feijão"), trata-se de um conto de fadas de origem inglesa, cuja versão mais antiga é de Benjamin Tabart (1767-1833), publicada em 1807 e popularizada por Joseph Jacobs (1854-1916), em 1890, com a publicação de *English Fairy Tales*.
[11] Alusão a Shakespeare, *Macbeth* (1623), II, iii, 8.
[12] Shakespeare, *Sonho de uma Noite de Verão* (peça escrita *circa* 1595-1596), V, i, 4-6.
[13] *Sonho de uma Noite de Verão*, V, i, 7-19.

Se a poesia é um sonho, o mesmo são as ocupações da vida em geral. Se é ela uma ficção, feita do que desejamos e do que fantasiamos que as coisas sejam, porque as desejamos assim, não há nenhuma outra ou melhor realidade. Ariosto descreveu os amores de Angélica e Medoro;[14] mas não estava Medoro, que talhou o nome de sua senhora na casca das árvores, tão enamorado de seus encantos quanto o próprio Ariosto? Homero celebrou a cólera de Aquiles; mas não era o herói tão louco quanto o poeta? Platão baniu os poetas da sua cidade,[15] com receio de que suas descrições do homem natural pudessem corromper seu homem matemático, que deveria ser sem paixões e sem afetos, que não deveria rir nem chorar, sentir tristeza ou raiva, deprimir-se ou rejubilar-se pelo que quer que fosse. Isso, no entanto, foi uma quimera que jamais existiu senão na cabeça do inventor; e o mundo poético de Homero sobreviveu à "república filosófica" de Platão.

A poesia é assim uma imitação da natureza, mas a imaginação e as paixões constituem parte da natureza do homem. Nós conformamos as coisas de acordo com nossos desejos e fantasias, sem poesia; mas a poesia é a linguagem mais enfática que se pode encontrar para essas criações da mente "cujo enlevo é por demais astucioso".[16] Nem mera descrição de objetos naturais, nem mera delineação de sentimentos naturais, ainda que distintos ou vigorosos, constituem o fim último e o objetivo da poesia, sem os realces da imaginação. A luz da poesia não é somente uma luz direta, mas também refletida, que, enquanto nos mostra o objeto, joga uma radiação cintilante em tudo à sua volta; a chama das paixões, comunicada à imaginação, revela-nos, como se mediante uma iluminação, os mais recônditos recessos do pensamento, penetrando todo o nosso ser. A poesia representa formas principalmente

---

[14] Personagens do poema épico *Orlando Furioso* (1516), de Ludovico Ariosto (1474-1533).
[15] Cf. *A República*, especialmente livro III.
[16] Alusão a Shakespeare, *Hamlet* (peça escrita *circa* 1599-1602), I, iv, 138-139.

enquanto sugestivas de outras formas; sentimentos, enquanto eles sugerem formas ou outros sentimentos. A poesia põe um espírito de vida e movimento no universo. Descreve o fluente, não o fixo. Não define os limites do sentido, nem analisa as distinções do entendimento, mas significa o excesso da imaginação para além da impressão efetiva e ordinária de qualquer objeto ou sentimento. A impressão poética de qualquer objeto é esse inquieto e refinado senso de beleza ou poder que não consegue conter-se em si mesmo; que é intolerante com todos os limites; que (como a chama se curva à chama) se esforça por ligar-se a outra imagem de beleza ou grandeza que lhe seja congênere, para resguardar-se nas mais altas formas da fantasia e aliviar o atormentado senso de prazer, expressando-o, em outras circunstâncias, da maneira mais ousada e pelos exemplos mais notáveis da mesma natureza. A poesia, de acordo com lorde Bacon, por essa razão, "tem em si algo de divino, porque eleva a mente e a precipita no sublime, conformando a aparência das coisas aos desejos da alma, em vez de submeter a alma às coisas externas, como fazem a razão e a história".[17] Ela é estritamente a linguagem da imaginação; e a imaginação é a faculdade que representa objetos não como são em si, mas como são moldados por outros pensamentos e sentimentos, numa infinita variedade de formas e combinações de poder. Essa linguagem não é a menos verdadeira em relação à natureza pelo motivo de ser falsa quanto aos fatos; é antes a mais verdadeira e natural, caso transmita a impressão que causa na mente o objeto sob a influência da paixão. Que um objeto, por exemplo, seja apresentado aos sentidos num estado de agitação ou medo: a imaginação o distorcerá ou o magnificará, convertendo-o à aparência do que é mais apropriado para fomentar o medo. "Nossos olhos fazem de bobas"[18] as nossas outras faculdades. Esta é a lei universal da imaginação,

---

[17] O trecho, citado com alterações, se encontra no tratado *The Advancement of Learning* (livro 2, iv, 2), de Bacon, publicado em 1605.
[18] Alusão a Shakespeare, *Macbeth*, II, i, 2.

Que, para agarrar uma alegria,
Concebe um portador dessa alegria;
Ou, à noite, imaginando um medo,
Faz de cada moita um grande urso.[19]

Quando Iachimo diz de Imogen[20] "A chama de uma vela / A ilumina e sob as pálpebras espia, / A fim de ver as luzes lá contidas",[21] esta apaixonada interpretação do movimento da chama no sentido de conformar-se com os sentimentos próprios do falante constitui verdadeira poesia. O amante, tanto como o poeta, fala das tranças castanhas da sua amada como anéis de ouro reluzente, porque, pela novidade e por certo senso de beleza pessoal, o menor matiz de amarelo no cabelo tem efeito mais luzidio para a imaginação do que o ouro mais puro. Comparamos um homem de estatura gigantesca com uma torre, não porque ele seja assim tão grande, mas porque o excesso de suas medidas em relação ao que estamos habituados a esperar, ou em relação à medida usual de coisas da mesma classe, produz, por contraste, maior sentimento de magnitude e força do que outro objeto dez vezes maior. A intensidade do sentimento compensa a desproporção dos objetos. As coisas se nivelam para a imaginação, que tem o poder de afetar a mente com um grau equivalente de terror, admiração, deleite ou amor. Quando Lear roga aos céus que vinguem sua causa, "pois são velhos como ele",[22] não há nada de extravagante ou ímpio nessa indentificação sublime de sua idade com a dos céus; pois não há nenhuma outra imagem que possa fazer justiça à consciência torturante de seus erros e seu desespero!

A poesia é o entusiasmo da fantasia e do sentimento superiormente trabalhado. Enquanto descreve objetos naturais, impregna

---

[19] Shakespeare, *Sonho de uma Noite de Verão*, V, i, 20-23.
[20] Iachimo e Imogen: personagens da peça *Cimbelino*, de Shakespeare (encenada pela primeira vez *circa* 1611).
[21] *Cimbelino*, II, ii, 19-21.
[22] Alusão a Shakespeare, *Rei Lear*, II, iv, 217-220.

as impressões sensíveis com as formas da fantasia, e assim descreve os sentimentos de prazer ou de dor, combinando-os com os mais fortes movimentos da paixão e as mais marcantes formas da natureza. A poesia trágica, sua espécie mais apaixonada, empenha-se por conduzir o sentimento ao ponto supremo da sublimidade e do *pathos*, mediante todas as forças de comparação e contraste: perde o senso do presente, consentindo na sua exageração imaginária; esgota o terror e a piedade mediante ilimitada indulgência para com tais afetos; agarra-se a impossibilidades na sua desesperada insubmissão a restrições; atira-nos de volta ao passado, e adiante, para o futuro; confronta-nos com o exame assustador de cada momento do nosso ser ou objeto da natureza; e, na rápida peripécia dos eventos, ergue-nos das profundezas da aflição às mais altas contemplações da vida humana. Quando Lear diz, de Edgar, "Nada senão suas filhas malévolas poderiam tê-lo conduzido a isso",[23] que assombro desconcertante, que arrebatamento da imaginação, que não pode ser trazido para conceber qualquer outra causa de desgraça senão aquela que o prostrou, e que absorve na sua própria todas as outras dores! Sua dor, como uma cheia, abastece a fonte de todas as outras dores. De novo, quando ele exclama, na cena louca, "Os cãezinhos e todos eles, Tray, Blanche e Sweetheart, ladram para mim!",[24] é a paixão dando ensejo à imaginação para fazer de todas as criaturas uma aliança contra ele, conjurando ingratidão e insulto nas suas formas menos procuradas e mais exasperantes, buscando todos os fios e fibras do seu coração, e encontrando a última imagem remanescente de respeito ou afeto no fundo do seu peito, só para torturá-la e matá-la! Dessa maneira, o "Eu sou" de Cordelia[25] jorra de seu coração como uma torrente de lágrimas, aliviando-o de um peso de amor e de suposta ingratidão que por anos o pressionara. Belo retorno da paixão sobre si mesma é aquele em *Otelo* – com

---

[23] *Rei Lear*, III, iv, 4.
[24] Ibidem, III, vi, 3.
[25] Ibidem, IV, vii, 69.

que agonia mista de arrependimento e desespero ele se agarra aos derradeiros traços da felicidade que se foi –, quando exclama:

> Oh! Agora, para sempre,
> Adeus, consciência tranquila. Adeus, contentamento;
> Adeus, tropas de penachos e guerras grandes,
> Que fazem da ambição virtude! Oh! Adeus!
> Adeus, corcéis relinchantes e trompas sonorosas,
> Tambores animosos, pífanos estridentes,
> Bandeiras reais, e da gloriosa guerra
> O orgulho, a pompa, as circunstâncias.
> E a vós, mortais engenhos, cujas gargantas rudes
> De Jove eterno imitam os brados pavorosos,
> Adeus! Extinguiram-se os labores de Otelo.[26]

E como sua paixão se açoita e cresce e se enfurece, à maneira da maré no seu sonante curso, quando, em resposta às dúvidas expressas sobre seu retornado amor, ele diz:

> Nunca, Iago. Assim como o Mar Negro,
> Cuja gélida corrente e curso impetuoso
> Nunca se ressentem da vazante, antes retos
> Seguindo rumo ao Ponto,
> Assim meus pensamentos sanguinários, com passos violentos,
> Não devem nunca olhar p'ra trás e refluir para o amor,
> Até que os esgotem
> Vingança imensa e poderosa.[27]

O clímax de sua posterior discussão com Desdêmona figura nestas linhas: "Mas lá onde eu tinha posto o coração, / [...] /, dali ser despedido!".[28]

---

[26] Shakespeare, *Otelo* (peça escrita *circa* 1603), III, iii, 357-367.
[27] *Otelo*; III, iii, 462-469.
[28] Ibidem, IV, ii, 57-60.

Um modo de a exibição dramática da paixão suscitar nossa empatia, e sem nos causar repugnância, consiste em fortalecer o desejo do bem, à proporção que se aguça o fio da calamidade e da decepção. Ela reforça nossa consciência da felicidade, tornando-nos sensíveis à magnitude da perda. A tempestade da paixão se desnuda e nos revela as ricas profundezas da alma humana; a totalidade da nossa existência, a súmula de nossas paixões e buscas, daquilo que desejamos e daquilo que tememos, se nos apresenta por contraste; a ação e a reação tornam-se iguais; a agudeza do imediato sofrimento apenas nos dá uma aspiração mais intensa pelo contrário mundo do bem, assim como mais íntima participação nele; faz-nos beber mais fundo da taça da vida humana; puxa pelas fibras do coração; alivia a pressão sobre elas; e convoca as fontes do pensamento e do sentimento para atuar com força decuplicada.

A poesia apaixonada é uma emanação da parte moral e intelectual da nossa natureza, assim como da sensível – do desejo de saber, da vontade de agir e do poder de sentir; e tem de apelar a essas diferentes partes de nossa constituição a fim de ser perfeita. A tragédia doméstica ou em prosa, que se julga a mais natural, é, nesse sentido, a menos natural, porque apela quase exclusivamente a uma dessas faculdades, a nossa sensibilidade. As tragédias de Moore[29] ou Lillo,[30] por essa razão, embora impressionem momentaneamente, oprimem e jazem como um peso morto sobre a mente, uma carga de infortúnio que elas não são capazes de sacudir dos ombros; a tragédia de Shakespeare, que é verdadeira poesia, agita nossos afetos mais recônditos, abstrai o mal de si própria, combinando-o com todas as formas da imaginação, bem como com os mais profundos movimentos do coração, e desperta a totalidade do homem dentro de nós.

O prazer derivado da poesia trágica, contudo, não é algo peculiar a ela como poesia, como algo fictício e fantasioso. Não

---

[29] Edward Moore (1712-1757), dramaturgo inglês.
[30] George Lillo (1693-1739), dramaturgo inglês.

é uma anomalia da imaginação. Tem sua fonte e seu fundamento no amor usual por fortes comoções. Como o Sr. Burke observa, as pessoas se congregam para ver uma tragédia; mas, se houvesse uma execução pública na rua próxima, o teatro logo ficaria vazio.[31] Não é então a diferença entre ficção e realidade que resolve o problema. As crianças se satisfazem com histórias de fantasmas e bruxas em prosa rasteira; e os mascates de relatos completos, verdadeiros e específicos sobre assassinatos e execuções pelas ruas não julgam necessário tê-los transformados em baladas baratas, antes de poder dispor desses documentos interessantes e autênticos. O político grave dirige uma florescente história de abuso e calúnias espalhada contra aqueles que transformou em inimigos sem outra finalidade senão a de poder viver através deles. O pregador popular faz menção menos frequente ao céu do que ao inferno. Juramentos e alcunhas são apenas um tipo mais vulgar de poesia ou retórica. Somos mais chegados a condescender com nossas paixões violentas do que a ler uma descrição das alheias. Somos tão inclinados a fazer um tormento dos nossos medos quanto a viver faustosamente nas nossas esperanças de felicidade. Se se perguntar "Por que agimos assim?", a melhor resposta será "Porque não podemos evitar". O senso do poder é um princípio tão forte na mente quanto o amor ao prazer. Objetos de terror e piedade exercem sobre ele o mesmo controle despótico exercido pelos objetos de amor e beleza. É tão natural odiar como amar, desprezar como admirar, expressar nosso ódio ou desprezo como nosso amor ou nossa admiração. "A paixão desgovernada nos dispõe / Para o que gostamos ou para o que desprezamos."[32]

Não gostamos do que nos causa desprezo, mas gostamos de condescender com os objetos de nossas aversões e desdéns; de nos

---

[31] A passagem se encontra no tratado *A Philosophical Enquiry into the Origin of Our Ideas of the Sublime and the Beautiful* (Part I, Section XV: On the Effects of Tragedy), de Edmund Burke (1729-1797), publicado em 1757.

[32] Alusão a Shakespeare, *O Mercador de Veneza* (peça escrita circa 1596-1598), IV, i, 50-53.

deter neles, para exasperar nossa ideia sobre o que desprezamos, mediante todos os refinamentos da sutileza e excessos da ilustração; para fazer deles um bicho-papão; para apontá-los aos outros em todo o esplendor de sua deformidade; para concretizá-los para os sentidos; para estigmatizá-los pelo nome; para nos agarrar a eles no pensamento e na ação; para afiar nosso intelecto; para armar nossa vontade contra eles; para conhecer o pior com que temos de competir; e para competir com eles pelo objetivo supremo. A poesia é somente a mais alta eloquência da paixão, a mais vívida forma de expressão que pode ser dada à nossa concepção sobre todas as coisas, sejam aprazíveis ou dolorosas, mesquinhas ou dignas, deleitosas ou aflitivas. É a perfeita coincidência da imagem e das palavras com o nosso sentimento, do qual não nos liberamos de nenhum outro modo, e que nos proporciona imediata "satisfação ao pensamento".[33] Isso é igualmente a origem do espirituoso[34] e da fantasia, da comédia e da tragédia, do sublime e do patético. Quando Pope diz da aparência de Lord Mayor: "Agora, descendo a noite, a cena soberba se encerrou, / Mas permanece por mais um dia nos números de Settle"[35]; quando Collins faz Danger,[36] "com membros de um bolor gigantesco",[37] "atirá-lo no despenhadeiro / De alguma rocha pendurada e solta adormecida";[38] quando Lear grita, em angústia extrema, "Ingratidão, demônio de marmóreo coração, / Pior que um monstro marinho, / Quando numa criança se revela"[39], a paixão do desprezo num caso, do terror no outro e da indignação no último está perfeitamente satisfeita. Vemos as coisas por nós próprios, e as mostramos aos outros como sentimos que existem, e como, apesar de nós mesmos, somos compelidos a pensar a seu

---

[33] Alusão a Shakespeare, *Otelo* (peça escrita *circa* 1603), III, iii, 97.
[34] No original, *wit*.
[35] Alexander Pope (1688-1744), *The Dunciad* (1728), I, 89-90.
[36] Isto é, o Perigo, personificado no poema.
[37] William Collins (1721-1759), "Ode to Fear", verso 10.
[38] Idem, "Ode to Fear", versos 14-15.
[39] *Rei Lear*, I, iv, 259-261; segundo verso citado com alterações.

respeito. A imaginação, assim as concretizando e as convertendo em forma, proporciona um evidente alívio aos vagos e impertinentes anelos da vontade. Não desejamos que as coisas sejam assim; mas desejamos que apareçam tais como são. Pois o conhecimento é poder consciente; e a mente não é mais, neste caso, a presa ingênua do vício ou da loucura, embora possa ser sua vítima.

A poesia é, em todas as suas configurações, a linguagem da imaginação e das paixões, da fantasia e do desejo. Nada, portanto, pode ser mais absurdo do que o clamor algumas vezes levantado por críticos frígidos e pedantes no sentido de reduzir a linguagem da poesia ao padrão do senso comum e da razão; pois o fim e a utilidade da poesia, "tanto no começo como agora, foi e é manter o espelho dirigido à natureza",[40] vista por meio da paixão e da imaginação, e não despida dessa mediação, pelo recurso à verdade literal ou à razão abstrata. O pintor de temas históricos pode ser chamado para representar, com a expressão calma de um retrato comum, o rosto de uma pessoa que acaba de pisar uma serpente, e também o poeta, para descrever, na linguagem da conversação comum, as mais comovedoras e vívidas impressões que se supõe possam as coisas causar na mente. Quem quiser que dispa a natureza das cores e formas da fantasia, não o poeta, que a isso não se presta; as impressões do senso comum e da imaginação vigorosa, isto é, da paixão e da indiferença, não podem ser as mesmas, e devem ter linguagens distintas, que façam justiça a cada qual. Os objetos devem tocar a mente de modo diferenciado, independentemente do que são em si mesmos, na medida em que tenhamos um interesse diferente neles, os vejamos sob um ponto de vista diferente, de mais perto ou de distância maior (moral ou fisicamente falando) em relação à sua novidade, ao conhecimento antigo ou à nossa ignorância deles, ao nosso medo por suas consequências, ao seu contraste ou inesperada semelhança. Não podemos suprimir a faculdade da imaginação,

---

[40] *Hamlet*, III, ii, 24.

tanto quanto não podemos ver todos os objetos sem luz ou forma. Algumas coisas devem deslumbrar-nos por sua luz sobrenatural; outras devem manter-nos em suspense e instigar nossa curiosidade a explorar-lhes os aspectos obscuros. Não são muito sábios aqueles que dissipam essas várias ilusões, para nos dar, no lugar delas, sua criação embaçada. Que o naturalista, se quiser, capture o vaga-lume, leve-o consigo para casa numa caixa, de modo que, na manhã seguinte, não ache mais do que um pequeno verme cinzento; e que o poeta ou o amante de poesia o visite ao anoitecer, quando, sob o perfumado espinheiro branco e a lua crescente, ele se construiu como um palácio de luz esmeraldina. Essa é também uma parte da natureza, uma aparência que o vaga-lume representa, e não a menos atraente; assim a poesia é uma parte da história da mente humana, embora não seja nem ciência nem filosofia. Não se pode esconder, contudo, que o progresso do conhecimento e do refinamento tende a circunscrever os limites da imaginação e a cortar as asas da poesia. A competência da imaginação é principalmente visionária, e seu âmbito, o desconhecido e o indefinido; o entendimento restitui as coisas aos seus limites naturais, despindo-as de suas pretensões fantasiosas. Daí que a história do entusiasmo religioso e a do poético sejam praticamente as mesmas, e ambos receberam sensível choque do progresso da filosofia experimental. O indefinido e o incomum é que dão origem e alcance à imaginação; só podemos fantasiar o que não conhecemos. Assim como, olhando os labirintos de uma floresta fechada, os preenchemos com as formas que nos agradam – com bestas vorazes, com vastas cavernas e feitiços lúgubres –, na nossa ignorância do mundo à nossa volta fazemos deuses ou demônios do primeiro objeto visto, e não colocamos limites às voluntariosas sugestões de nossas esperanças e medos. "E visões, como olhos poéticos declaram, / Pendem de cada folha e se prendem a cada ramo."[41]

---

[41] Trecho em versos inscrito numa carta de Thomas Gray (1716-1771) a Horace Walpole (1717-1797), datada de setembro de 1737.

Nunca poderá haver outro sonho de Jacob,[42] desde aquele tempo em que os céus se fizeram mais distantes, ficando astronômicos. Tornaram-se eles avessos à imaginação, e não retornarão a nós nos quadrantes das distâncias, ou nos *Discursos*, de Chalmers.[43] A pintura de Rembrandt[44] traz a matéria para mais perto de nós. Não é só o progresso do conhecimento mecânico que não favorece o espírito da poesia, mas também os necessários avanços da civilização. Não só nos achamos menos temerosos em face do mundo sobrenatural, mas também podemos calcular com mais precisão e encarar com mais indiferença sua rotina regular. Os heróis das épocas fabulosas livraram o mundo de monstros e gigantes. No presente, estamos menos expostos às vicissitudes do bem e do mal, às incursões das bestas selvagens ou de "bandidos cruéis",[45] à desmedida fúria dos elementos. É tempo em que "nosso couro cabeludo deve despertar e se agitar num tratado lúgubre, como se a vida nele estivesse".[46] Mas a polícia tudo corrompe; e agora quase não sonhamos com um assassinato de meia-noite. *Macbeth* apenas se tolera neste país graças à música;[47] e nos Estados Unidos da América, onde os princípios filosóficos de governo são levados ainda mais longe na teoria e na prática, descobrimos que é vaiada a *Ópera do Mendigo*.[48] A sociedade, gradualmente, é construída numa máquina que nos carrega de modo seguro e insípido de um a outro termo da vida, num estilo de prosa muito

---

[42] Jacob sonhou com uma escada que, partindo da terra, alcançava o céu; Gênesis 28,12.
[43] Thomas Chalmers (1780-1847), autor de *A Series of Discourses on the Christian Revelation, Viewed in Connection with Modern Astronomy* (1817).
[44] Rembrandt Harmenszoon van Rijn (1606-1669), pintor e gravador holandês.
[45] No original, "bandit fierce": alusão a John Milton (1608-1674), *Comus* (1634), verso 426.
[46] *Macbeth*, V, v, 11-13.
[47] Referência à versão musical da peça, de William Davenant (1606-1668), encenada em Londres em 1667, cujas músicas e danças se conservaram em suas encenações até a década de 1840.
[48] Ópera-balada de 1724; textos de John Gay (1685-1732) e música de Johann Christoph Pepusch (1667-1752).

confortável. "A escuridão cerrou sua cortina em torno deles, / E uma lassidão feiticeira encantou a quietude monótona."⁴⁹ As observações aqui feitas, em certa medida, levariam a uma solução do problema dos méritos comparativos da pintura e da poesia. Isso não significa que eu tenha qualquer preferência, mas parece que o argumento algumas vezes construído, de que a pintura deve afetar a imaginação mais fortemente, porque representa a imagem mais nitidamente, não se encontra bem fundamentado. Devemos presumir, sem muita temeridade, que a poesia é mais poética que a pintura. Quando artistas ou *connaisseurs* falam com afetação da poesia da pintura, demonstram que pouco conhecem poesia, e que têm pouco amor pela arte. A pintura dá o próprio objeto; a poesia, aquilo que ele implica. A pintura encarna aquilo que uma coisa contém em si mesma; a poesia sugere o que existe fora dela, e de algum modo a ela associada. Mas isso é a própria competência da imaginação. Novamente, uma vez que ela se relaciona com a paixão, a pintura dá o evento, e a poesia, a progressão dos eventos; mas é durante a progressão, no intervalo de expectativa e dúvida, enquanto nossas esperanças e medos se acham submetidos ao mais alto grau de agonia irrespirável, aí é que está o beliscão do interesse.

> Entre agir-se numa coisa pavorosa
> E o primeiro movimento, tudo parece
> Um fantasma ou sonho abominável:
> Meios fatais no seu conciliábulo,
> E, como um pequeno reino,
> O estado do homem assume a natureza
> De uma insurreição.⁵⁰

Mas, na ocasião em que o quadro está pintado, tudo termina. Os rostos são a melhor parte de um quadro; mas mesmo os rostos

---

⁴⁹ Sneyd Davies (1709-1769); "To the Honourable and Reverend F.C." (1763).
⁵⁰ Shakespeare, *Júlio César* (peça escrita *circa* 1599), II, i, 65-71.

não são o que principalmente lembramos no que mais nos interessa. Então, pode-se perguntar: há algo melhor do que as paisagens de Claude Lorrain,[51] os retratos de Ticiano,[52] os desenhos de Rafael,[53] as estátuas gregas? Dos dois primeiros nada direi, na medida em que são evidentemente pictóricos mais do que imaginativos. Os desenhos de Rafael são certamente os mais belos comentários jamais feitos sobre as Escrituras. Seriam os mesmos seus efeitos se não estivéssemos familiarizados com o texto? Mas o Novo Testamento existiu antes dos desenhos. Existe um tema sobre o qual não há desenho, Cristo lavando os pés dos discípulos na noite anterior à sua morte. E esse capítulo não precisa de comentário! É por falta de algum lugar de pausa para a imaginação que as estátuas gregas são pouco mais do que formas plausíveis. Elas são mármore para o tato e para o coração. Não têm um princípio formador interno. Na sua excelência impecável, parecem suficientes para si próprias. Por sua beleza, erguem-se acima das fragilidades da paixão ou do sofrimento. Por sua beleza, são deificadas. Mas não constituem objeto de fé religiosa para nós, e suas formas são uma censura à humanidade comum. Elas parecem não ter empatia conosco, e não querer a nossa admiração.

A poesia, na sua matéria e forma, consiste em imagens ou sentimentos naturais, combinados com paixão e fantasia. Nos seus modos de transmissão, combina uso comum da linguagem com expressão musical. Há uma questão constante: em que consiste a essência da poesia? Ou: o que determina que certo conjunto de ideias deva ser expresso em prosa e outro em versos? Milton nos diz sua ideia de poesia numa única linha: "Pensamentos que, espontâneos, movem números harmoniosos".[54]

---

[51] Pintor francês (1600-1682).
[52] Ticiano Vecellio (1489-1576), pintor italiano.
[53] Rafael Sanzio (1483-1520), pintor e arquiteto italiano.
[54] John Milton, *Paradise Lost*, III, 37-38. A palavra *números* traduz o original *numbers*, vocábulos que, respectivamente em português e em inglês, quando empregados em relação à poesia e geralmente no plural, significavam, até por volta do século XVIII, "ritmo", "cadência".

Como há certos sons que provocam certos movimentos, e a canção e a dança se conjugam, assim existem, sem dúvida, certos pensamentos que conduzem a certos tons de voz, ou modulações de sons, e transformam "as palavras de Mercúrio nas canções de Apolo".[55] A descrição de Spenser[56] dos sátiros acompanhando Una[57] à caverna do Silvano evidentemente pede essa adaptação ao tema do movimento de som e ritmo:

> Assim surge do chão a destemida
> E caminha para a frente, sem de crime suspeitar.
> Eles, todos alegres como pássaros da manhã feliz,
> Dali a conduzem adiante, em meio à sua dança,
> Gritando e cantando versos de um pastor;
> E, ramos verdes espalhando pelo chão,
> Reverenciam-na como rainha, com guirlanda de oliva coroada.
> E por todo o caminho vão tocando alegres gaitas,
> Que os bosques e os ecos repetem;
> E com seus pés de chifre castigam o solo,
> Pulando como travessos meninos na doce primavera;
> Assim a levam para o velho Silvano,
> Que, com o barulho, acordou e saiu.[58]

Ao contrário, não há nada nem de musical nem de natural na construção comum da linguagem, que é algo completamente arbitrário e convencional. Nem nos próprios sons, que são os signos espontâneos de certas ideias, nem nos arranjos gramaticais da fala comum, há qualquer princípio de imitação natural, ou correspondência a ideias individuais ou ao tom de sentimento com que são transmitidos aos outros. Os trancos e barrancos da prosa, suas irregularidades e asperezas são fatais para o fluxo de uma imaginação

---

[55] Alusão a Shakespeare, *Trabalhos de Amores Perdidos* (1598), V, ii, 852.
[56] Edmund Spenser (*circa* 1552/1553-1596), poeta inglês.
[57] Personagem do poema *The Faerie Queene* (1590-1596), de Spenser.
[58] Idem, *The Faerie Queene*, I, c, 6.

poética, como os solavancos de uma estrada ou um cavalo claudicante perturbam os devaneios de um homem aéreo. Mas a poesia desfaz essas arestas. Ela é a música da linguagem, correspondendo à música da mente, desatando, de modo a reconduzi-la a seu estado original, "a alma secreta da harmonia".[59] Toda vez que um objeto assim toma conta da mente, fazendo-nos viver nele, meditar sobre ele, derretendo o coração em ternura, ou o inflamando num sentimento de entusiasmo; toda vez que um movimento de imaginação ou paixão assinala a mente, buscando prolongar e repetir a emoção, a fim de colocar todos os outros objetos em sintonia com ele, dando aos sons que o expressam o mesmo impulso de harmonia, sustentada e contínua, ou gradualmente variada de acordo com a ocasião – isso é poesia. O musical no som é o que se sustenta e permanece; o musical no pensamento é também o que se sustenta e permanece. Há uma íntima associação entre música e paixão profunda. Os loucos cantam. Sempre que a articulação passa naturalmente para a entonação, aí começa a poesia. Se uma ideia dá a outras um tom e uma cor, se um sentimento funde outros em si, não há razão para não se estender o mesmo princípio aos sons mediante os quais a voz articula as emoções da alma, combinando sílabas e versos entre si. Para compensar o déficit natural de harmonia no mecanismo costumeiro da linguagem; para fazer do som um eco ao sentido, quando o sentido se transforma numa espécie de eco de si mesmo; para confundir o fluxo do verso, "as cadências de ouro da poesia",[60] com o fluxo do sentimento, fluindo e murmurando enquanto flui; em síntese, para tirar do chão a linguagem da imaginação, habilitando-a a abrir as asas onde possa satisfazer aos próprios impulsos – "navegando soberana / através do profundo azul do ar" –,[61] sem ser interrompida, desgastada ou desviada pela rudeza e por desprezíveis obstáculos, bem como pelos dissonantes bemóis e sustenidos da prosa, é que foi inventada a

[59] Alusão a John Milton, "L'Allegro" (1645), verso 144.
[60] Alusão a Shakespeare, *Trabalhos de Amores Perdidos* (1598), IV, ii, 117.
[61] Thomas Gray, "The Progress of Poesy" (ode escrita *circa* 1751/1754), versos 116-117.

poesia. Ela é para a linguagem comum o que as molas são para uma carruagem, ou as asas para os pés. Na linguagem comum, alcançamos certa harmonia pela modulação da voz; na poesia, o mesmo se faz sistematicamente por uma colocação regular das sílabas. Foi bem observado que todo aquele que declama calorosamente, ou discorre atento sobre um tema, alça-se numa espécie de verso branco ou prosa medida. O mercador, conforme descrito em Chaucer,[62] seguia seu caminho "sempre soando o aumento dos seus lucros".[63] Todo escritor tem em prosa algum ajuste rítmico, exceto os poetas, que, quando privados do mecanismo regular do verso, parecem não ter qualquer modulação em seus escritos.

Pode-se, do mesmo modo, fazer uma apologia da rima. É justo, no entanto, que o ouvido se demore nos sons que o deleitam, ou que se aproveite da mesma brilhante coincidência e inesperada recorrência de sílabas demonstrada na invenção e colocação das imagens. É permitido que a rima auxilie a memória; e ouviu-se um homem de espírito[64] e astúcia dizer que os únicos quatro bons versos são aqueles bem conhecidos que informam o número de dias nos meses do ano: "Trinta dias tem setembro" etc.[65] Mas, se a coincidência de sons nos nomes auxilia a memória, não pode ela também vivificar a fantasia? E há outras coisas dignas de ter na ponta dos dedos além dos conteúdos dos almanaques: a versificação de Pope é cansativa, por sua excessiva doçura e uniformidade; o verso branco de Shakespeare é a perfeição do diálogo dramático.

Nem tudo que passa como tal é poesia; nem o verso de fato faz toda a diferença entre poesia e prosa. A *Ilíada* não deixa de ser poesia numa tradução literal; e a *Campanha*, de Addison,[66] foi muito

---

[62] Geoffrey Chaucer (*circa* 1343-1400), escritor, filósofo e diplomata inglês.
[63] *The Canterbury Tales*; General Prologue, 275.
[64] No original, *wit*.
[65] Trecho de um poema da tradição oral, usado com fins mnemônicos para lembrar o número de dias de cada mês.
[66] *The Campaign* (1704); poema épico de Joseph Addison (1672-1719), escritor e estadista inglês.

propriamente denominada "gazeta em rima".⁶⁷ A prosa comum difere da poesia por tratar, na maioria das vezes, de realidades factuais vulgares, familiares ou tediosas, que não transmitem impulso extraordinário à imaginação, ou ainda de processos difíceis e laboriosos do entendimento, que não admitem os movimentos voluntariosos e violentos tanto da imaginação como das paixões.

Mencionarei três obras que chegam perto da poesia tanto quanto possível, sem serem absolutamente poesia, a saber: a *Viagem do Peregrino*,⁶⁸ *Robinson Crusoé*⁶⁹ e os *Contos de Boccaccio*.⁷⁰ Chaucer e Dryden⁷¹ traduziram alguns destes últimos em rimas inglesas, mas a essência e o poder da poesia já lá estavam. Aquilo que eleva o espírito acima da terra, que puxa a alma para fora dela mesma com aspirações indescritíveis, é a poesia em substância, e geralmente se credencia a assumir-lhe o nome ao "casar-se com o verso imortal".⁷² Se é da essência da poesia comover e instalar a imaginação, queiramos ou não, fazer os olhos da infância cintilarem com a lágrima primeira, para que nunca depois seja lembrada com indiferença, John Bunyan e Daniel Defoe devem ser autorizados a passar por poetas, cada qual a seu modo. A mistura de fantasia e realidade na *Viagem do Peregrino* jamais foi igualada em qualquer alegoria. Seus peregrinos caminham sobre a terra e ainda permanecem nela. Que zelo, que beleza, que verdade de ficção! Que sentimento profundo na descrição de Cristo nadando enfim através das águas, e no quadro dos Seres Resplandescentes nos pórticos, com asas nas costas e auréolas sobre

---

⁶⁷ Tal caracterização do poema se deve a Joseph Warton (1722-1800), em *An Essay on the Genius and Writings of Pope* (1756).
⁶⁸ *The Pilgrim's Progress: from This World to That Which Is to Come* (1678-1684), de John Bunyan (1628-1688), escritor inglês.
⁶⁹ *Life and Strange Surprizing Adventures of Robinson Crusoe* (1719-1720), de Daniel Defoe (1659-1731), romancista inglês.
⁷⁰ Trata-se do *Decameron* (1348-1353), ciclo de novelas do escritor italiano Giovanni Boccaccio (1313-1375).
⁷¹ John Dryden (1631-1700), poeta, dramaturgo e crítico inglês.
⁷² "L'Allegro", verso 137.

as cabeças, que devem enxugar todas as lágrimas dos olhos d'Ele! O gênio do escritor, embora não "banhado no orvalho da Castália",[73] foi batizado com o Espírito Santo e seu fogo. As ilustrações nesse livro não constituem parte menor nele. Se o confinamento de Filocteto na ilha de Lemnos foi tema para a mais bela de todas as tragédias gregas,[74] o que diremos de Robinson Crusoé na sua? Tome-se o discurso do herói grego ao deixar sua caverna, belo como é, e o compararemos com as reflexões do aventureiro inglês no seu lugar solitário de confinamento. Os pensamentos do lar, e de tudo aquilo de que foi afastado para sempre, enchem e pressionam seu peito, enquanto o subir e descer do oceano rola sua corrente incessante contra a praia rochosa, e as próprias batidas do seu coração tornam-se audíveis no silêncio eterno que o circunda. Assim ele diz:

> Enquanto caminhava a esmo, na minha busca ou para observar o país, a angústia da minha alma, em face da minha condição, irrompia em mim de repente, e meu próprio coração morria dentro de mim, pensando nas florestas, montanhas e desertos nos quais me encontrava, e em como eu estava prisioneiro, trancado com as eternas barras e ferrolhos do oceano, num lugar selvagem e desabitado, sem redenção. Em meio à tranquila compostura da minha mente, tal angústia irrompia em mim como uma tempestade, fazendo-me torcer as mãos e chorar como criança. Às vezes me surpreendia no meio do trabalho, e eu imediatamente sentava e suspirava, e ficava olhando para o chão por uma ou duas horas, o que era ainda pior para mim, porque, se pudesse me debulhar em lágrimas ou me desafogar em palavras, sucumbiria, e a dor, tendo-se exaurido, diminuiria.[75]

---

[73] Fonte mitológica, assim denominada porque a ninfa com este nome, perseguida por Apolo, nela se atirou. Era consagrada àquele deus e ficava no Monte Parnaso. Suas águas, que serviam para as purificações do templo de Apolo em Delfos, eram bebidas pela sacerdotisa – a Pítia – e tinham o poder de suscitar inspiração poética. Quanto à origem da citação, não logramos encontrá-la.
[74] *Filoctetes*, de Sófocles (*circa* 496-406 a.C.), representada no ano 409 a.C.
[75] *Robinson Crusoe*, capítulo 3.

A história de suas desventuras não faria um poema como a *Odisseia*, é verdade; mas o narrador tinha o verdadeiro gênio de um poeta. Já se perguntou se os romances de Richardson[76] são poesia; e a resposta, talvez, é que não são, porque não constituem romance.[77] O centro de interesse é trabalhado com vistas a um extremo inconcebível; mas através de um número infinito de pequenas coisas, mediante labor incessante, e chama a atenção pela repetição de lances que nelas não repercutem. A simpatia estimulada não é uma contribuição voluntária, mas um tributo. Nada é espontâneo ou deixa de ser forçado. Há carência de elasticidade e movimento. A história não "dá eco ao assento onde o amor está entronizado".[78] O coração não responde de si como uma corda na música. A fantasia não corre à frente do escritor com expectativa de cortar o fôlego, mas é arrastada com uma quantidade infinita de pinos e rodas, como aqueles com os quais os liliputianos arrastaram Gulliver amarrado para o palácio real.[79] *Sir* Charles Grandison[80] é um presumido. Em que tipo de figura seria ele recortado se transladado para um poema épico, ao lado de Aquiles? Clarissa,[81] a divina Clarissa, é também interessante só pela metade. É interessante em seus arrufos, suas luvas, suas costuras, suas tias e tios – é interessante em tudo o que é desinteressante. Tais

---

[76] Samuel Richardson (1689-1761), romancista inglês.

[77] A língua inglesa faz distinção entre as palavras *novel* (narrativa de ficção em prosa que se quer verossímil, isto é, comprometida com a representação da vida em termos realísticos) e *romance* (narrativa de ficção em prosa de cunho idealista e fantasioso). Nesta frase, porém, o autor, pelo que se percebe na sequência de seus argumentos, embora opere com tal distinção, serve-se apenas da palavra *romance*, empregando-a, contudo, na primeira ocorrência, com o sentido de *novel*. Pode-se entrever aí certo desdém pelo gênero *novel*, se não preconceito contra essa modalidade de narrativa, isto é, contra o gênero fadado a afirmar-se no século XIX como forma literária de elevado prestígio cultural e social, chamado em português *romance*, em francês *roman*, em italiano *romanzo* e em alemão *Roman*.

[78] Shakespeare, *Noite de Reis* (peça escrita *circa* 1601-1602), II, iv, 19-20.

[79] Alusão ao romance satírico conhecido pelo título *Gulliver's Travels* (1726), de Jonathan Swift (1667-1745).

[80] Protagonista do romance *The History of Sir Charles Grandison* (1753), de Richardson.

[81] Protagonista do romance *Clarissa, or The History of a Young Lady* (1748), de Richardson.

coisas, porém, embora devam fartamente ser levadas para nossas casas, não conduzem à imaginação. Há muita verdade e sentimento em Richardson; mas, extraídos de um *caput mortuum*[82] das circunstâncias, não evolam de si mesmos. Seu gênio poético é como Ariel[83] confinado num pinheiro, e requer um processo artificial para sair. Shakespeare diz:

Nossa poesia é uma resina
Que brota quando estimulada;
A chama gentil se acende,
E salta, como a torrente,
Qualquer barreira que se lhe apresente.[84]

Devo concluir esta exposição geral com algumas observações sobre quatro das principais obras poéticas do mundo, em diferentes períodos da história – Homero, a *Bíblia*, Dante e – deixem-me acrescentar – Ossian.[85] Em Homero, o princípio de ação ou vida é

---

[82] Cabeça morta. Trata-se de expressão do vocabulário da alquimia; designa o resíduo não líquido das análises alquímicas, que seria semelhante a uma cabeça cujo espírito tivesse sido retirado pela destilação.

[83] Um espírito, personagem shakespeariano de *A Tempestade* (1623).

[84] Alusão a Shakespeare, *Timon de Atenas* (1623), I, i, 28-32.

Os escritos de Burke não são poesia, não obstante o caráter vívido da fantasia, porque seu tema é abstruso e seco, não natural, mas artificial. A diferença entre poesia e eloquência é que uma é a eloquência da imaginação, e a outra, a eloquência do entendimento. A eloquência tenta persuadir a vontade e convencer a razão; a poesia produz seu efeito por simpatia instantânea. Nada que admita controvérsia é tema para a poesia. Os poetas são em geral maus prosadores, porque suas imagens, embora belas em si mesmas, não se destinam a uma intenção específica, nem desdobram argumentos. A poesia francesa carece das formas da imaginação. É didática mais do que dramática. E parte da nossa própria poesia, que tem sido mais admirada, só é poesia na rima e no uso estudado da dicção poética [nota do autor].

[85] Em meados do século XVIII, uma série de publicações em língua inglesa – *Fragments of Ancient Poetry, Collected in the Highlands of Scotland, and Translated from the Gaelic or Erse Language* (1760); *Fingal, an Ancient Epic Poem* (1762); *Temora, an Epic Poem* (1763); *The Works of Ossian* (1765) – alcançou imediato e enorme êxito. Os volumes continham textos em prosa poética que se apresentavam como traduções de originais escritos na língua autóctone da Alta Escócia, e cuja autoria era atribuída a um poeta até então desconhecido, Ossian, espécie de Homero céltico. Tratava-se, contudo, de uma fraude

predominante; na *Bíblia*, o princípio de fé e a ideia de Providência; Dante é a personificação da vontade cega; e em Ossian vemos o declínio da vida e o resíduo final do mundo.

A poesia de Homero é o heroico; é cheia de vida e ação; é resplandecente como o dia, forte como um rio. No vigor do seu intelecto, ele se agarra a todos os objetos da natureza e entra em todas as relações da vida social. Vê muitos países e os modos de muitos homens, e traz tudo junto no seu poema. Descreve seus heróis indo para a batalha com a prodigalidade da vida, brotando com a exuberância dos espíritos animais: vemo-los diante de nós, sua quantidade e sua ordem na batalha, espalhados na planície, "todos emplumados como avestruzes, como águias recém-banhadas, petulantes como bodes, selvagens como jovens touros, joviais como maio, e esplêndidos como o sol em pleno verão",[86] cobertos com armaduras esplêndidas, com poeira e sangue, enquanto os deuses bebem o néctar em copas de ouro ou se misturam na refrega, e os velhos reunidos nas muralhas de Troia erguem-se em reverência à passagem de Helena. A profusão de coisas em Homero é maravilhosa; seu esplendor, sua verdade, sua força, sua variedade. Sua poesia, como sua religião, é a poesia da quantidade e da forma: ele descreve os corpos tanto como as almas dos homens.

literária que ficaria famosa, pois o verdadeiro autor era o erudito escocês James Macpherson (1736-1796), como mais tarde se descobriu. Os poemas, baseados na poesia popular e em tradições gaélicas, "descreviam uma natureza selvagem e sombria, desconhecida da poesia clássica, uma paisagem de mares bravios e montanhas negras, encobertas de névoas devido às quais só raramente, quando a tempestade havia dissipado as nuvens, olhava a lua triste" (Carpeaux, 1980, p. 985). Não obstante as dúvidas sobre sua origem levantadas já por críticos seus contemporâneos, suscitadas pelas reminiscências clássicas e estilizações eruditas flagradas nos textos, por sua afinidade com os novos padrões de gosto que se iam impondo Europa afora os poemas mereceram recepção extremamente entusiástica nos períodos pré-romântico e romântico, sendo traduzidos do inglês para diversas outras línguas europeias, e tendo entre seus admiradores figuras como Herder, Goethe, Madame de Staël, Napoleão, Chateaubriand, Byron, Lamartine etc. (cf. Spalding, 1973, p. 41). Parece que, em 1818, Hazlitt ainda acreditava na autenticidade dos poemas, tomando Ossian, por conseguinte, como figura histórica.

[86] Alusão a Shakespeare, *Henrique IV, parte I* (peça escrita *circa* 1597), IV, i, 97-103.

A poesia da *Bíblia* é a da imaginação e da fé; é abstrata e desencarnada; não é a poesia da forma, mas do poder, não da profusão, mas da imensidade. Ela não divide em muitos, mas engrandece em um só. Suas ideias sobre a natureza são como suas ideias sobre Deus. Não é a poesia da vida social, mas da solidão: cada homem parece solitário no mundo, com as formas originais da natureza, as rochas, a terra e o céu. Não é a poesia da ação ou das empresas heroicas, mas da fé numa Providência suprema e da resignação ao poder que governa o universo. Como a ideia de Deus foi afastada para mais longe da humanidade e de um disperso politeísmo, ela se tornou mais profunda e intensa à medida que mais universal, pois o Infinito está presente para todas as coisas: "Se voarmos para as partes extremas da Terra, ele lá está também; se nos voltamos para o leste ou o oeste, não podemos escapar dele".[87] O homem é assim engrandecido na imagem do seu Criador. A história dos patriarcas é dessa espécie; eles são fundadores de uma raça escolhida de povo, os herdeiros da Terra; existem nas gerações que hão de se lhes seguir. Sua poesia, como seu credo religioso, é vasta, informe, obscura e infinita; uma vista se encontra sobre ela, e paira sobre ela mão invisível. O espírito da religião cristã consiste na glória a ser futuramente revelada; mas, na revelação hebraica, a Providência toma parte imediata nas ocupações da vida. O sonho de Jacob brotou dessa íntima comunhão entre o Céu e a Terra; foi isso que fez descer, na visão do patriarca jovial, uma escada de ouro do Céu para a Terra, com anjos subindo e descendo por ela, e derramou uma luz no lugar solitário, que não pode nunca desvanecer-se. A história de Ruth, por sua vez, é como se toda a profundidade da afeição natural na raça humana estivesse envolvida em seu peito. Há descrições no livro de Jó mais pródigas em imagens, mais intensas em paixão do que qualquer coisa em Homero, como aquela de sua prosperidade e da visão que lhe sobreveio à noite. As metáforas no Antigo Testamento são mais ousadamente

---

[87] Alusão ao Salmo 138.

figurativas. As coisas foram recolhidas mais em bloco, e proporcionaram um grande *momentum* à imaginação.

Dante foi o pai da poesia moderna, e, portanto, pode reclamar um lugar neste circuito. Seu poema é o primeiro grande passo a partir da escuridão gótica e do barbarismo, e nele sente-se a cada página a luta do pensamento para romper a servidão a que a mente humana esteve por tanto tempo presa. Ele permaneceu sem Norte, e não atemorizado, na praia escura que separa o mundo antigo e o moderno; e viu as glórias da Antiguidade amanhecendo através do abismo do tempo, enquanto a revelação abria passagem para outro mundo. Esteve perdido nas maravilhas que se fizeram antes dele, e ousou emulá-las. Dante parece ter estado em débito com a *Bíblia* pelo tom sombrio de sua mente, assim como pela fúria profética que exalta e inflama sua poesia; mas é completamente distinto de Homero. Seu gênio não é uma chama cintilante, mas o ardor taciturno de uma fornalha. Ele é poder, paixão, obstinação personificada. Em tudo o que diz respeito à parte descritiva ou fantástica da poesia, ele não suporta comparação com muitos que o antecederam ou o sucederam; há, porém, certa abstração sombria em suas concepções, que jazem como um peso morto sobre a mente: um desalento entorpecente, um temor sufocante, resultantes da intensidade da impressão; uma terrível obscuridade, como aquelas que nos oprimem nos sonhos; uma identidade de centro de interesse que molda todos os objetos para os seus desígnios próprios, e veste todas as coisas com as paixões e imaginações da alma humana, as quais corrigem todas as outras deficiências. Os objetos imediatos que ele apresenta à mente como que não se confinam em si mesmos, mas, clamando por grandeza, beleza e ordem, transformam-se em tudo pela força do caráter que lhes imprime o poeta. Sua mente empresta o próprio poder aos objetos que ela contempla, em vez de tomá-lo emprestado deles. Ele tira vantagem até mesmo da nudez e vacuidade funesta do seu tema. Sua imaginação povoa as sombras da morte e cisma por sobre o ar silencioso. Ele é o mais severo dos escritores, o mais duro e impenetrável, o mais oposto ao florido e esplêndido; o que mais confia no seu poder, bem como na ação desse poder sobre os outros, e o que deixa mais espaço à imaginação dos seus leitores. O único empenho de Dante é despertar interesse; e ele o faz estimulando nossa simpatia para com a emoção pela qual ele próprio se acha possuído. Não coloca diante de nós os objetos pelos quais a emoção foi criada, mas prende a atenção, mostrando-nos o efeito que os objetos produzem no seu sentimento; e sua poesia, em conformidade com isso, dá a mesma sensação emocionante e irresistível que se apreende ao fixarmos o olhar na face de quem viu algum objeto de horror. A improbabilidade dos eventos, o caráter abrupto e monótono do "Inferno" são excessivos; mas o interesse nunca se enfraquece, em decorrência da contínua ansiedade da mente do autor. O grande poder de Dante está em combinar sentimentos interiores com objetos externos. Assim, o portal do inferno, em que estão escritos aqueles dizeres secos,[88] parece dotado de discurso e consciência, e parece articular sua terrível advertência não sem certo senso de mortal pesar. É um autor que, de hábito, une o absolutamente local e individual com a maior rudeza e misticismo. Em meio às regiões obscuras e sombrias do mundo subterrâneo, um túmulo, de repente, surge com a inscrição: "Sou o túmulo do papa Anastácio VI",[89] e metade dos personagens que ele amontoou no inferno é do seu próprio círculo de relações. Tudo isso talvez tenda a realçar o efeito por meio de ousada mistura de realidades, bem como do apelo ao conhecimento individual e à experiência do leitor. Ele dispõe de poucos temas para pintura. Há, realmente, um que é gigante, o do conde Ugolino,[90] do qual Michelangelo[91] fez um baixo-relevo, e que Sir Joshua Reynolds[92] não deveria ter pintado.

[88] "Deixai toda esperança, vós que entrais." Divina Comédia (circa 1313/1319), III, 9.
[89] Divina Comédia; XI, 8.
[90] Figura histórica (século XIII), feita personagem da Divina Comédia.
[91] Michelangelo di Lodovico Buonarroti Simoni (1475-1564), pintor, escultor e arquiteto italiano.
[92] Pintor inglês (1723-1792), autor da tela Count Ugolino and His Children in the Dungeon (1773).

Outro escritor que devo mencionar por último, e que não posso persuadir-me de julgá-lo um mero moderno nos fundamentos, é Ossian. Ele é um sentimento e um nome que nunca pode ser destruído na mente de seus leitores. Assim como Homero é o vigor e a vitalidade inaugurais, Ossian é o declínio e a época tardia da poesia. Ele vive só na recordação e na saudade do passado. Há uma impressão que ele transmite mais plenamente do que todos os demais poetas, a saber, o senso de privação, a perda de todas as coisas – dos amigos, do bom nome, do país; ele fica mesmo sem Deus no mundo. Conversa só com os espíritos dos que partiram; com as nuvens imóveis e silenciosas. O luar frio espalha um desmaiado brilho sobre sua cabeça; surge a raposa, saindo da torre em ruínas; o cardo agita suas flores oscilantes ao vendaval; e as cordas da sua harpa, enquanto a assinatura das idades e a memória de outros tempos passam por ela, parecem suspirar e sussurrar como os juncos secos ao vento do inverno. O sentimento de triste desolação, de perda do sumo e da seiva da existência, de aniquilamento da substância e do agarrar-se à sombra de todas as coisas, como num abraço vão, é perfeito aqui. Desse modo, o lamento de Selma pela perda de Salgar é o mais belo de todos. Se fosse realmente possível mostrar que esse escritor era nada, seria apenas outro exemplo de inconstância, outra lacuna feita, outro vazio deixado no coração, outra confirmação daquele sentimento que o faz tão frequentemente queixar-se: "Rolai, dias escuros; vós não trazeis a Ossian nenhuma alegria nas vossas asas!".[93]

---

[93] Alusão a "The Songs of Selma", poema que figura em *Fingal, an Ancient Epic Poem* (1762), obra atribuída a Ossian por James Macpherson.

3
SHELLEY

DEFESA DA POESIA[1]
PERCY BYSSHE SHELLEY

De acordo com um modo de ver as classes de ação mental chamadas *razão* e *imaginação*, pode-se considerar a primeira como a mente no ato de contemplar as relações que um pensamento mantém com outro, independentemente do modo pelo qual foram eles produzidos, e a segunda como a mente no ato de contemplar esses pensamentos, colorindo-os com sua própria luz e compondo, a partir deles, como seus constituintes, outros pensamentos, cada um contendo em si o princípio da própria integridade. Uma é o τὸ ποιεῖν,[2] ou princípio de síntese, e tem como objetos as formas que são comuns à natureza universal e à própria existência; a outra é o τὸ λογίζειν,[3] ou princípio de análise, e sua ação vê as relações entre as coisas simplesmente como relações, considerando os pensamentos não em sua unidade integral, mas como representações algébricas que conduzem a certos resultados gerais. A razão é a enumeração de quantidades já conhecidas; a imaginação é a percepção do valor dessas quantidades, tanto isoladamente quanto como conjunto. A razão observa as diferenças, e a imaginação, as semelhanças entre as coisas. A razão está para a imaginação como o instrumento está para o agente, como o corpo para o espírito, como a sombra para a substância.

---

[1] A redação do ensaio data de 1821, mas sua primeira publicação é de 1840, no volume 1 dos dois organizados por sua viúva, Mary Shelley, sob o título *Essays, Letters from Abroad, Translations and Fragments, by Percy Bysshe Shelley*.
[2] Transliterando em caracteres latinos, *tò poieîn*, "fazer", étimo da palavra *poeta*.
[3] Transliterando em caracteres latinos, *tò logízein*, "raciocinar", étimo da palavra *lógica*.

A poesia, em sentido geral, pode ser definida como "a expressão da imaginação", sendo congênita à origem do homem. E o homem é um instrumento sobre o qual incide uma série de impressões externas e internas, como as alternâncias de um vento sempre cambiante sobre uma lira eólia,[4] as quais, com seu movimento, a movem para uma melodia sempre cambiante. Mas há um princípio no interior do ser humano – e talvez em todos os seres sensíveis – que, diferentemente do que ocorre com a lira, não produz só melodia, mas também harmonia, por um concerto interno entre os sons ou movimentos assim incitados e as impressões que os incitam. É como se a lira pudesse ajustar suas cordas aos movimentos daquilo que as atinge, em determinada medida de som, precisamente como pode o músico ajustar sua voz ao som da lira. Uma criança que brinca sozinha expressará seu prazer por meio da voz e dos movimentos; e toda inflexão de tom e todo gesto manterão relação exata com um antítipo nas impressões prazerosas que o despertaram: será ele a imagem refletida daquela impressão; e, como a lira vibra e ressoa depois que o vento cessou, assim a criança, prolongando na voz e nos movimentos a duração do efeito, busca prolongar igualmente uma consciência da causa. Os objetos que deliciam uma criança constituem expressões do que é a poesia para objetos mais elevados. O selvagem (pois ele está para as eras como a criança para os anos) expressa de forma similar as emoções nele produzidas pelos objetos circundantes; e a linguagem e o gesto, juntamente com a imitação plástica ou pictórica, tornam-se a imagem do efeito conjugado desses objetos e sua respectiva apreensão. O homem em sociedade, com todas as paixões e todos os prazeres, torna-se em seguida objeto das paixões e dos

---

[4] Nas casas europeias do século XIX, era comum colocar-se nas janelas uma armação de madeira em que se dispunha um conjunto de cordas esticadas. Expostas aos ventos, as cordas vibravam, ampliando-se o som dos acordes aleatórios assim produzidos por efeito da caixa de ressonância constituída pela armação de madeira. Eram as harpas (ou liras) eólicas (ou eólias), em voga no romantismo, pelas sonoridades misteriosas e místicas que produziam.

prazeres do homem; uma classe adicional de emoções produz um tesouro ampliado de expressões, e a linguagem, os gestos e as artes imitativas tornam-se imediatamente a representação e o meio, o lápis e o desenho, o cinzel e a estátua, a corda e a harmonia. As simpatias sociais, ou aquelas leis das quais, como seus constituintes, resulta a sociedade, começam a desenvolver-se a partir do momento em que dois seres humanos coexistem; o futuro está contido no presente, como a planta na semente; e a igualdade, a diversidade, a unidade, o contraste, a dependência mútua tornam-se os únicos princípios capazes de proporcionar os motivos de acordo com os quais a vontade de um ser social se dirige para a ação, na medida em que é ele social; e constituem o prazer na sensação, a virtude no sentimento, a beleza na arte, a verdade no raciocínio e o amor na comunicação da espécie. Por conseguinte, o homem, mesmo na infância da sociedade, observa certa ordem em suas palavras e ações, distinta da ordem dos objetos e das impressões representadas por eles, estando toda expressão sujeita às leis daquilo de que procede. Mas dispensemos essas considerações mais gerais que poderiam envolver uma investigação dos princípios da própria sociedade, e limitemos nossa perspectiva à maneira pela qual a imaginação é expressa em suas formas.

Na juventude do mundo, os homens dançam e cantam e imitam objetos naturais, observando nessas ações, como em todas as outras, certo ritmo ou ordem. E, embora todos os homens observem uma ordem semelhante, eles não observam a mesma ordem, nos movimentos da dança, na melodia da canção, nas combinações da linguagem, na série de suas imitações de objetos naturais. Pois existe uma ordem ou um ritmo pertencente a cada uma dessas classes de representações miméticas, das quais o ouvinte e o espectador recebem um prazer mais intenso e mais puro do que de qualquer outra ordem: a sensação de certa aproximação a essa ordem tem sido chamada *gosto* pelos escritores modernos. Todo homem, na infância das artes, observa uma ordem que se aproxima menos ou mais daquela de que resulta esse deleite mais elevado; mas a diversidade não é suficientemente marcada para que suas gradações sejam perceptíveis, exceto nos casos em que o predomínio dessa faculdade de aproximação ao belo (pois assim nos permitiríamos nomear a relação entre esse prazer mais elevado e sua causa) é muito grande. Aqueles nos quais ela existe em excesso são poetas, no mais universal sentido da palavra; e o prazer resultante da maneira como eles exprimem a influência da sociedade ou da natureza em suas próprias mentes comunica-se a outros, e acrescenta, a partir dessa comunhão, uma espécie de reduplicação. A linguagem deles é vitalmente metafórica; isto é, assinala as relações entre as coisas anteriormente não apreendidas e perpetua sua apreensão, até que as palavras que as representam se tornem, através do tempo, signos para partes ou classes de pensamento, em vez de imagens de pensamentos inteiros; e então, se novos poetas não surgirem para recriar as associações que foram assim desorganizadas, a linguagem estará morta para todos os propósitos mais nobres da comunicação humana. Essas similaridades ou relações são finamente caracterizadas por lorde Bacon[5] como "as próprias pegadas da natureza impressas nos vários sistemas do mundo";[6] e ele considera a faculdade que as percebe como o celeiro de axiomas comuns a todo saber. Na infância da sociedade, todo autor é necessariamente poeta, porque a própria linguagem é poesia; e ser poeta é apreender o verdadeiro e o belo, em suma, o bem que existe na relação, subsistindo, primeiro, entre existência e percepção, e, depois, entre percepção e expressão. Toda linguagem original próxima à sua fonte é em si mesma o caos de um poema cíclico: a profusão da lexicografia e as distinções da gramática são produtos de uma época posterior, constituindo meramente o catálogo e a forma das criações da poesia.

Mas os poetas, ou aqueles que imaginam e expressam essa ordem indestrutível, são não só os autores da linguagem e da música, da

---

[5] Francis Bacon (1561-1626), filósofo e estadista inglês.
[6] *On the Development of the Sciences*, III, i [nota do autor].

dança e da arquitetura, e da estatuária e da pintura; eles são os instituidores das leis, os fundadores da sociedade civil, os inventores das artes da vida e os mestres que delineiam, numa certa proximidade com o belo e o verdadeiro, aquela apreensão parcial das intervenções do mundo invisível que se chama *religião*. Daí que todas as religiões originárias sejam alegóricas, ou propensas à alegoria, e que, como Jano,[7] tenham uma face dupla de falso e verdadeiro. Os poetas, de acordo com as circunstâncias da época e da nação em que apareceram, foram chamados, nos primórdios do mundo, *legisladores* ou *profetas*: um poeta essencialmente engloba e unifica ambos esses papéis. Pois o poeta não só contempla intensamente o presente como ele é, e descobre as leis de acordo com as quais as coisas presentes deveriam ser ordenadas, mas também contempla o futuro no presente, e seus pensamentos constituem as sementes da flor e o fruto dos tempos posteriores. Não que eu afirme que os poetas sejam profetas no sentido vulgar da palavra, ou que possam prever a forma dos acontecimentos com tanta certeza quanto preveem seu espírito: essa é a pretensão da superstição, que antes desejaria fazer da poesia um atributo da profecia do que esta um atributo daquela. Um poeta participa do eterno, do infinito e do uno; com relação a suas concepções, tempo, lugar e quantidade não existem. As formas gramaticais que expressam a variação de tempo, a diferença entre pessoas e a distinção de lugar são passíveis de alteração tendo em vista a mais elevada poesia, sem prejudicá-la como poesia; e os coros de Ésquilo[8], o "Livro de Jó"[9] e o "Paraíso" de Dante, mais do que quaisquer outros escritos, ofereceriam exemplos desse fato, se os limites deste ensaio não impedissem citações. As criações da escultura, da pintura e da música constituem ilustrações ainda mais convincentes.

Linguagem, cor, forma, modos religiosos e civis de ação constituem todos os instrumentos e materiais da poesia, podendo ser

---

[7] Jano Bifronte, deus romano, dotado de dois rostos.
[8] De Ésquilo (525-456 a.C.), dramaturgo grego.
[9] Um dos livros do Antigo Testamento.

chamados *poesia* em virtude daquela figura de linguagem que considera o efeito um sinônimo da causa.[10] Mas a poesia, em sentido mais restrito, expressa as combinações de linguagem, e especialmente da linguagem métrica, criadas por aquela faculdade imperial cujo trono está oculto na natureza invisível do homem. E isso brota da própria natureza da linguagem, que constitui uma representação mais direta das ações e paixões de nosso ser interior, e é suscetível de combinações mais variadas e mais delicadas do que cor, forma ou movimento, sendo mais plástica e mais obediente ao controle daquela faculdade da qual ela é a criação. Pois a linguagem é arbitrariamente produzida pela imaginação, e tem relações unicamente com os pensamentos; mas todos os outros materiais, instrumentos e modos de arte têm relações uns com os outros, as quais constituem um limite e se interpõem entre a concepção e a expressão. Aquela é como um espelho que reflete luz, esta, como uma nuvem que a esmaece, sendo ambas meios de comunicação da mesma luz. Daí que a fama de escultores, pintores e músicos – embora os poderes intrínsecos dos grandes mestres dessas artes possam não ser inferiores aos daqueles que empregaram a linguagem como o hieróglifo de seus pensamentos – nunca se tenha igualado à dos poetas no sentido estrito do termo, do mesmo modo que dois intérpretes de idêntico talento obterão de uma guitarra e de uma harpa efeitos diferentes. Somente a fama dos legisladores e dos fundadores de religiões, enquanto durarem suas instituições, parece ultrapassar a dos poetas no sentido restrito; mas dificilmente se poderia questionar se ela permaneceria se deduzirmos a celebridade que usualmente conquista sua adulação das grosseiras opiniões do vulgo, associada àquela que lhes pertenceu por seu papel mais elevado de poetas.

Circunscrevemos, assim, a palavra *poesia* dentro dos limites daquela arte que é a mais comum e a mais perfeita expressão da própria faculdade. É necessário, contudo, estreitar ainda mais o círculo,

---

[10] Isto é, metonímia.

e estabelecer a distinção entre a linguagem metrificada e a não metrificada, pois a divisão popular em prosa e verso é inadmissível numa filosofia rigorosa.

Os sons, assim como os pensamentos, têm relação tanto entre si como com aquilo que representam, e sempre se considerou que uma percepção da ordem dessas relações está ligada a uma percepção da ordem das relações dos pensamentos. Daí que a linguagem dos poetas sempre apresente certa recorrência regular e harmoniosa de sons, sem a qual não seria poesia, e que dificilmente seria menos indispensável à comunicação de sua influência do que as próprias palavras, sem referência àquela ordem peculiar. Daí a inutilidade da tradução; seria tão sensato jogar uma violeta num cadinho para descobrir o princípio formal de sua cor e de seu aroma quanto procurar transfundir de uma língua a outra as criações de um poeta. A planta deve brotar novamente de sua semente, ou não produzirá flor – e este é o fardo da maldição de Babel.

A obediência ao modo regular de recorrência da harmonia na linguagem das mentes poéticas, juntamente com suas relações com a música, produziu a métrica, ou certo sistema de formas tradicionais de harmonia e linguagem. Contudo, não é absolutamente essencial que um poeta adapte sua linguagem a essa forma tradicional para que a harmonia, que é seu espírito, seja observada. A prática é de fato conveniente e popular, e deve ser preferida especialmente nas composições que contenham muita ação: mas todo grande poeta deve inevitavelmente introduzir inovações, a partir do exemplo de seus predecessores, na estrutura exata de sua versificação peculiar. A distinção entre poetas e prosadores constitui um erro vulgar. A distinção entre filósofos e poetas a precedeu. Platão era essencialmente poeta – a verdade e o esplendor de suas imagens, assim como a melodia de sua linguagem, apresentam a maior intensidade que é possível conceber. Ele rejeitou a harmonia das formas épica, dramática e lírica, porque buscava acender uma harmonia em pensamentos despojados de figura e ação, e absteve-se de inventar qualquer plano regular de ritmo que incluiria, sob formas determinadas, as pausas variadas de seu estilo. Cícero[11] procurou imitar a cadência de seus períodos, mas com pouco sucesso. lorde Bacon era poeta.[12] Sua linguagem tem um ritmo suave e majestoso, que satisfaz aos sentidos, não menos do que satisfaz ao intelecto a quase sobre-humana sabedoria de sua filosofia; é uma tensão que distende e então rompe os limites da mente do leitor, derramando-se com ela no elemento universal com que mantém uma perpétua simpatia. Todos os autores de revoluções na opinião[13] são necessariamente poetas não apenas na medida em que são inventores, tampouco na medida em que suas palavras desvelam a permanente analogia das coisas por imagens participantes da vida de verdade, mas também na medida em que seus períodos se apresentam harmônicos e rítmicos, contendo em si os elementos do verso e constituindo o eco da música eterna. Tampouco são aqueles poetas supremos, que empregaram as formas tradicionais de ritmo em virtude da forma e da ação de seus assuntos, menos capazes de perceber e ensinar a verdade das coisas do que aqueles que se abstiveram daquela forma. Shakespeare, Dante e Milton (para nos limitarmos aos escritores modernos) são filósofos do mais eminente poder.

Um poema é a própria imagem da vida expressa em sua verdade eterna. Existe a seguinte diferença entre uma história e um poema: a história constitui um catálogo de fatos isolados, que não têm outra conexão senão tempo, lugar, circunstâncias, causa e efeito; outra diferença é a criação de ações de acordo com as formas imutáveis da natureza humana, tais como existem na mente do criador, que é, ela própria, a imagem de todos as outras mentes. Uma é parcial e aplica-se apenas a um período definido e a certa combinação de acontecimentos que não podem jamais ocorrer de novo; a outra é universal, e contém em si mesma o germe de uma relação com

---

[11] Marcus Tullius Cicero (106-43 a.C.), político, orador e filósofo romano.
[12] Ver *The String of the Labyrinth* e particularmente o *Ensaio Sobre a Morte* [nota do autor].
[13] Isto é, revoluções nas verdades estabelecidas, no senso comum.

quaisquer motivos ou ações que ocorram nas variedades possíveis da natureza humana. O tempo, que destrói a beleza e a utilidade da história de fatos particulares, despojando-as da poesia que deveria revesti-las, aumenta as da poesia, e desenvolve sem cessar novas e maravilhosas aplicações da eterna verdade que ela contém. Daí os epítomes terem sido chamados *traças* da verdadeira história; eles devoram sua poesia. Uma história de fatos particulares é como um espelho que obscurece e deforma o que deveria ser belo: a poesia é um espelho que torna belo o que é disforme.

As partes de uma composição podem ser poéticas, sem que a composição como um todo constitua um poema. Uma única frase pode ser considerada um todo, embora possa encontrar-se em meio a uma série de partes não integradas; uma única palavra pode ser uma centelha de pensamento inextinguível. E, assim, todos os grandes historiadores – Heródoto,[14] Plutarco,[15] Lívio[16] – eram poetas; e, embora o plano desses escritores, especialmente o de Lívio, os impedisse de desenvolver essa faculdade em seu mais alto grau, eles compensaram copiosa e amplamente essa limitação, preenchendo com imagens vivas os interstícios de seus temas.

Tendo definido o que é poesia, especificando também quem faz jus ao título de *poeta*, passemos a avaliar os efeitos da poesia sobre a sociedade.

A poesia é sempre acompanhada de prazer: todos os espíritos sobre os quais ela se derrama abrem-se para receber a sabedoria combinada com deleite que ela proporciona. Na infância do mundo, nem os próprios poetas nem seus ouvintes se acham plenamente conscientes da excelência da poesia: pois ela age de maneira divina e inapreensível, para além e acima da consciência, e está reservado às gerações futuras contemplar e medir a causa e o efeito poderosos em toda a força e em todo o esplendor de sua união. Mesmo nos

---

[14] Heródoto (485-425 a.C.), historiador grego.
[15] Lúcio Méstrio Plutarco (46-120 d.C.), historiador e filósofo grego.
[16] Titus Livius (*circa* 59 a.C. – 17 d.C.), historiador romano.

tempos modernos, nenhum poeta vivo jamais chegou à plenitude da fama; o júri que se reúne para julgar um poeta, sendo, como o próprio poeta, intemporal, deve ser composto de seus pares: deve ser credenciado pelo tempo, dentre os mais seletos sábios de muitas gerações. Um poeta é um rouxinol, que se posta na escuridão e canta com sons suaves, para alegrar a própria solidão; seus ouvintes são como homens encantados pela melodia de um músico invisível, que se sentem emocionados e enternecidos, sem, contudo, saber como nem por quê. Os poemas de Homero e de seus contemporâneos eram o deleite da Grécia infante; constituíam os componentes daquele sistema social que é a coluna sobre a qual tem repousado toda a civilização posterior. Homero inscreveu a perfeição ideal de sua era no corpo do caráter humano; e não podemos duvidar de que aqueles que leram seus versos despertaram para a ambição de se tornarem um Aquiles, um Heitor, um Ulisses: a verdade e a beleza da amizade, do patriotismo e da perseverante devoção a um objetivo revelaram-se até as profundezas nessas criações imortais; os sentimentos dos ouvintes certamente se refinaram e se amplificaram, pela simpatia para com tais personificações grandiosas e adoráveis, até que, por força da admiração, os imitaram, e pela imitação identificaram-se com os objetos de sua admiração. E não se deve admitir a objeção de que esses personagens estão longe da perfeição moral, não devendo absolutamente ser considerados padrões edificantes para a imitação geral. Todas as épocas, sob nomes mais ou menos especiosos, divinizaram seus erros peculiares; a vingança é o ídolo desnudo da adoração de uma era semibárbara; e o autoengano é a imagem velada de um mal desconhecido, perante o qual jazem prostradas a luxúria e a saciedade. Mas um poeta considera os vícios de seus contemporâneos uma veste provisória, na qual suas criações devem ser guarnecidas, e que cobre, sem ocultar, as proporções eternas de sua beleza. Entende-se que um personagem épico ou dramático com ela envolva a alma, como a antiga armadura ou o moderno uniforme lhe cobrem o corpo, sendo fácil conceber veste mais graciosa do que ambas. A beleza da natureza interior não pode permanecer oculta por sua vestimenta circunstancial, mas, ao contrário, o espírito de sua forma deve comunicar-se ao próprio disfarce, indicando a configuração que esconde a partir da maneira pela qual é usada. Uma forma majestosa e movimentos graciosos se expressarão através dos trajes mais bárbaros e desprovidos de gosto. Poucos poetas da mais elevada categoria escolheram exibir nua a beleza de suas concepções na sua verdade e no seu esplendor; e é duvidoso se a imperfeição dos trajes, da indumentária etc. é ou não necessária para adaptar a música planetária aos ouvidos mortais.

No entanto, toda objeção de imoralidade formulada contra a poesia apoia-se numa concepção equivocada sobre o modo pelo qual ela opera para produzir o aperfeiçoamento moral do homem. A ciência ética dispõe os elementos que a poesia criou, expõe esquemas e propõe exemplos de vida civil e doméstica: não é por falta de doutrinas admiráveis que os homens odeiam, desprezam, censuram, enganam e subjugam uns aos outros. Mas a poesia opera de outra maneira, e mais divina: ela desperta e amplia a própria mente, tornando-a receptáculo de milhares de inapreendidas combinações de pensamentos. A poesia descerra o véu da beleza oculta do mundo e faz com que objetos familiares se apresentem como se não o fossem; recria tudo o que representa, e as personificações, vestidas em sua luz elísia, permanecem desde então nas mentes daqueles que uma vez as contemplaram como monumentos do conteúdo delicado e extático que se difunde por todas as ações e pensamentos com os quais coexiste. O grande segredo da moral é o amor; ou um deslocar-se para fora de nossa própria natureza, e uma identificação de nós mesmos não com o que nos é próprio, mas com o belo que existe em outro pensamento, ação ou pessoa. Um homem, para ser grandiosamente bom, deve ter uma imaginação intensa e abrangente; deve colocar-se no lugar de outrem e de muitos outros; as dores e os prazeres de sua espécie devem tornar-se dele próprio. O grande instrumento do bem moral é a imaginação; e a poesia contribui para o efeito, atuando sobre a causa. A poesia amplia o círculo da imaginação, reabastecendo-a com pensamentos geradores de deleites sempre renovados, que têm o poder de atrair e assimilar à sua própria natureza todos os outros pensamentos, e que formam novos intervalos e interstícios cujo vazio sempre clama por novos alimentos. A poesia fortalece a faculdade que constitui o órgão da natureza moral do homem, da mesma maneira que o exercício fortalece um membro. Um poeta, portanto, faria mal em incorporar suas próprias concepções de certo e errado, que são geralmente as de seu lugar e tempo, às suas criações poéticas, que não participam de nenhum deles. Ao assumir a missão inferior de interpretar o efeito, que, enfim, talvez pudesse cumprir, embora imperfeitamente, estaria renunciando à glória de participar da causa. Muito dificilmente Homero, ou qualquer dos poetas eternos, teria uma compreensão de si próprio tão equivocada a ponto de abdicar do trono de seu domínio mais vasto. Aqueles nos quais a faculdade poética, embora grande, é menos intensa, como Eurípides,[17] Lucano,[18] Tasso,[19] Spenser,[20] frequentemente simularam um objetivo moral, e o efeito de sua poesia diminuiu na exata proporção do grau em que nos forçam a atentar para seu propósito.

Homero e os poetas cíclicos[21] foram sucedidos, após certo intervalo, pelos poetas dramáticos e líricos de Atenas, que floresceram contemporaneamente a tudo o que há de mais perfeito nas expressões congêneres da faculdade poética: arquitetura, pintura, música, dança, escultura, filosofia e, podemos acrescentar, as formas da vida civil. Pois, embora o esquema da sociedade ateniense fosse deformado por muitas imperfeições que a poesia existente nos tempos da cavalaria e na cristandade aboliu dos hábitos e das instituições da

---

[17] Eurípides (480-406 a.C.), dramaturgo grego.
[18] Marcus Annaeus Lucanus (39-65 d.C.), poeta romano.
[19] Torquato Tasso (1544-1595), poeta italiano.
[20] Edmund Spenser (*circa* 1552-1599), poeta inglês.
[21] Expressão que designa os antigos poetas épicos contemporâneos a Homero ou anteriores a ele, de historicidade duvidosa, que teriam composto poemas sobre os grandes ciclos míticos da Grécia antiga, o troiano ou épico e o tebano.

Europa moderna, ainda assim, jamais, em período algum, desenvolveu-se tanta energia, beleza e virtude; nunca a força cega e a forma rude foram tão submetidas à disciplina e à vontade do homem, ou essa vontade menos refratária aos ditames do belo e do verdadeiro, como no século que precedeu a morte de Sócrates. De nenhuma outra época na história de nossa espécie temos registros ou fragmentos tão visivelmente assinalados com a imagem da divindade do homem. Mas somente a poesia, na forma, na ação e na linguagem, é que tornou essa época memorável acima de todas as outras, bem como celeiro de exemplos para todo o sempre. Pois a poesia escrita coexistiu naquela época com as outras artes, e constitui questão ociosa perguntar qual delas projetou ou recebeu a luz que todas, como de um foco comum, difundiram sobre os períodos mais sombrios dos tempos que se seguiram. O que sabemos de causa e efeito não passa de uma conjunção contínua de acontecimentos: observa-se que a poesia sempre coexistiu com a contribuição das outras artes para a felicidade e a perfeição do homem. Recorro ao que já estabelecemos para distinguir a causa do efeito.

Foi no período aqui referido que nasceu o drama; e, não obstante um escritor bem-sucedido possa ter igualado ou ultrapassado aqueles poucos grandes espécimes do drama ateniense que chegaram até nós, é indiscutível que a arte em si mesma jamais foi compreendida ou praticada de acordo com sua verdadeira filosofia como em Atenas. Pois os atenienses empregaram a linguagem, a ação, a música, a pintura, a dança e as instituições religiosas para produzir um efeito comum na representação das mais elevadas idealizações da paixão e do poder; cada setor da arte tornou-se perfeito na sua espécie, graças a artistas da mais consumada habilidade, e foi disciplinado numa bela proporção e unidade, nas relações que mantinha com os demais. No palco moderno, somente alguns poucos dentre os elementos capazes de expressar a imagem da concepção do poeta empregam-se ao mesmo tempo. Temos tragédia sem música e dança; e música e dança sem as mais elevadas personificações das quais elas constituem o complemento adequado, e ambas sem religião e solenidade. A instituição religiosa de fato tem sido habitualmente banida do palco. Nosso sistema de despojar o rosto do ator de uma máscara, na qual as múltiplas expressões apropriadas a seu caráter dramático poderiam ser moldadas em uma expressão permanente e imutável, favorece apenas um efeito parcial e desarmônico; presta-se tão somente ao monólogo, em que toda a atenção pode ser dirigida para algum grande mestre da mímica ideal. A moderna prática de misturar comédia e tragédia, embora sujeita a muitos abusos em termos de prática, constitui, sem dúvida, uma ampliação do círculo dramático; mas a comédia deveria ser como em *Rei Lear*: universal, ideal e sublime. É talvez a intervenção desse princípio que faz pender a balança em favor de *Rei Lear* contra *Édipo Tirano*[22] ou *Agamêmnon*;[23] ou, se se quiser, contra as trilogias[24] às quais estão conexionados, a menos que o poder imenso da poesia coral, especialmente o deste último, possa ser considerado restaurador do equilíbrio. *Rei Lear*, caso possa sustentar tal comparação, pode ser julgado o mais perfeito exemplar da arte dramática existente no mundo, apesar das acanhadas condições às quais estava submetido o poeta, em virtude da ignorância acerca da filosofia do drama que tem predominado na Europa moderna. Calderón,[25] em seus autos religiosos, tentou satisfazer algumas das elevadas exigências da representação dramática negligenciadas por Shakespeare, tais como o estabelecimento de uma relação entre o drama e a religião, bem como sua adequação à música e à dança; mas omite a observância de requisitos ainda mais importantes, e mais se perde do que se ganha com a substituição das idealizações rigidamente definidas e sempre repetidas de uma superstição deformadora pelas personificações vivas da verdade da paixão humana.

---

[22] De Sófocles (*circa* 496-406 a.C.), dramaturgo grego.
[23] De Ésquilo (525-456 a.C.), dramaturgo grego.
[24] Referência à trilogia tebana (*Antígona*, *Édipo Rei* e *Édipo em Colona*), de Sófocles, e à *Oréstia* (*Agamêmnon*, *Coéforas* e *Eumênides*), de Ésquilo.
[25] Calderón de la Barca (1600-1681), dramaturgo e poeta espanhol.

Mas estou fazendo digressões. A conexão das apresentações cênicas com o aperfeiçoamento ou a corrupção dos costumes dos homens tem sido universalmente reconhecida: em outras palavras, tem-se observado que a presença ou a ausência da poesia em sua forma mais perfeita e universal está ligada ao bem e ao mal na conduta ou no hábito. A corrupção, que tem sido imputada ao drama como seu efeito, inicia-se quando cessa a poesia empregada na sua constituição: recorro à história dos costumes para verificar se os períodos de desenvolvimento de uma e de declínio da outra não têm correspondido, com igual exatidão, a algum exemplo de causa e efeito morais.

O drama em Atenas, ou onde quer que ele possa ter-se aproximado da perfeição, sempre coexistiu com a grandeza moral e intelectual da era. As tragédias dos poetas atenienses são como espelhos nos quais o espectador contempla a si próprio, sob um tênue disfarce de circunstância, despojado de tudo, exceto da perfeição e da energia ideais que todos sentem ser o tipo interior de tudo o que ele ama e admira, e em que desejaria transformar-se. A imaginação é ampliada mediante simpatia para com dores e paixões tão poderosas que, em sua concepção, expandem a capacidade daquilo por que são concebidas; os bons sentimentos são reforçados por piedade, indignação, terror e tristeza; e uma calma excelsa prolonga-se pela saciedade do intenso exercício deles no tumulto da vida cotidiana; mesmo o crime é parcialmente desarmado de seu horror e de todo seu contágio ao ser representado como consequência fatal de insondáveis intervenções da natureza; o erro é assim despojado de sua intencionalidade; os homens não podem mais acalentá-lo como criação de seu arbítrio. Num drama da mais alta qualidade, pouco alimento há para a censura ou o ódio; ele antes ensina o autoconhecimento e o respeito por si próprio. Nem os olhos nem a mente podem ver a si mesmos, a não ser refletidos naquilo a que se assemelham. O drama, enquanto continua a expressar poesia, é como um espelho prismático e multifacetado que recolhe os mais brilhantes raios da natureza humana e os divide e reproduz a partir da simplicidade de suas formas elementares, e os toca com majestade e beleza, multiplicando tudo que reflete, para dotá-los do poder de propagar sua semelhança onde quer que possam incidir.

No entanto, em períodos de decadência da vida social, o drama compartilha dessa decadência. A tragédia torna-se fria imitação das formas das grandes obras-primas da Antiguidade, despojada de qualquer complemento harmonioso das artes conexas; e, muitas vezes, a própria forma é mal compreendida, ou constitui débil tentativa de ensinar certas doutrinas que o escritor considera verdades morais, e que, usualmente, nada mais são do que adulações especiosas de algum vício vulgar ou fraqueza, com os quais o autor e seus ouvintes estão contaminados. Daí o que foi chamado *drama clássico* e *doméstico*. O *Catão*, de Addison,[26] é um exemplo do primeiro, e, não fosse supérfluo, citaríamos exemplos do outro! A tais propósitos a poesia não pode tornar-se subserviente. A poesia é uma espada refulgente, sempre desembainhada, que desgasta a bainha que deveria contê-la. E assim observamos que todos os escritos dramáticos dessa natureza são pouco imaginosos, num grau singular; afetam sentimento e paixão que, desprovidos de imaginação, constituem nomes alternativos para capricho e concupiscência. Na nossa história, o período da mais grosseira degradação do drama é o do reinado de Carlos II,[27] quando todas as formas nas quais a poesia se acostumara a ser expressa se tornaram hinos ao triunfo do poder real sobre a liberdade e a virtude. Milton permaneceu solitário, iluminando uma era indigna dele. Em tais períodos, o princípio do cálculo impregna todas as formas da manifestação dramática, e a poesia deixa de nelas se expressar. A comédia perde sua universalidade ideal: a jocosidade sucede ao humor, rimos com autocomplacência e triunfo, não com prazer;

[26] Joseph Addison (1672-1719), ensaísta, poeta e dramaturgo inglês. A peça citada é de 1712.
[27] Rei da Inglaterra, da Escócia e da Irlanda (1630-1685).

malignidade, sarcasmo e desprezo sucedem à alegria compartilhada; quase não rimos, apenas sorrimos. A obscenidade, que é sempre blasfêmia contra a divina beleza na vida, torna-se, embora menos repugnante, mais eficaz: é um monstro para o qual a corrupção da sociedade traz sempre novo alimento, que ele devora em segredo.

Por ser o drama a forma sob a qual, mais do que em todas as demais, uma quantidade maior de modos de expressão da poesia é suscetível de combinar-se, a conexão entre poesia e bem social é nele mais observável do que em qualquer outra. E é indiscutível que a mais alta perfeição da sociedade humana sempre correspondeu à mais alta excelência dramática, e que a corrupção ou a extinção do drama em uma nação onde antes floresceu constituem indícios de corrupção dos costumes, bem como de extinção das energias que sustentam a alma da vida social. Mas, como afirma Maquiavel sobre as instituições políticas, essa vida pode ser preservada e renovada se os homens se mostrarem capazes de reconduzir o drama de volta a seus princípios. E isso é verdadeiro com relação à poesia no seu sentido mais amplo: toda linguagem, instituição e forma precisam ser não apenas produzidas, mas mantidas; a função e o caráter de um poeta participam da natureza divina no que diz respeito à providência, não menos do que no que diz respeito à criação.

A guerra civil, as pilhagens da Ásia e o fatal predomínio, primeiro das armas dos macedônios e depois dos romanos, constituíram outros tantos símbolos da extinção ou da suspensão da faculdade criadora na Grécia. Os escritores bucólicos, que encontraram proteção sob os tiranos letrados da Sicília e do Egito, foram os últimos representantes do seu reino gloriosíssimo. A poesia deles é intensamente melódica; como o aroma da tuberosa, ela domina e debilita o espírito com excesso de doçura, enquanto a poesia da idade precedente era uma brisa estival, que combina a fragrância de todas as flores do campo, acrescentando-lhe o espírito estimulante e harmonioso que lhe é próprio, e que favorece os sentidos com o poder de manter seu deleite supremo. A delicadeza bucólica e erótica na poesia escrita é correlativa da suavidade na estatuária, na música e nas artes congêneres, e mesmo nos costumes e nas instituições que distinguiram a época a que me refiro. E não é à faculdade poética em si, ou a qualquer desvio em sua aplicação, que essa carência de harmonia deve ser imputada. Idêntica sensibilidade à influência dos sentidos e dos afetos encontra-se nos escritos de Homero e de Sófocles: o primeiro, particularmente, revestiu imagens sensuais e patéticas com encantos irresistíveis. A superioridade deles com relação aos escritores que lhes sucederam consiste na presença dos pensamentos que pertencem às faculdades interiores de nossa natureza, e não na ausência daqueles ligados às faculdades exteriores; sua incomparável perfeição reside em uma harmoniosa união de todas. Não é no que os poetas eróticos possuem, mas no que eles não possuem, que reside sua imperfeição. Não porque foram poetas, mas porque não o foram, é que se pode, com alguma plausibilidade, considerá-los ligados à corrupção de sua era. Tivesse essa corrupção sido eficaz a ponto de neles extinguir a sensibilidade para o prazer, para a paixão e para o cenário natural, o que lhes é imputado como uma imperfeição, o triunfo supremo do mal teria sido completo. Pois a finalidade da corrupção social é destruir toda sensibilidade para o prazer, o que, por consequência, a confirma como corrupção. O núcleo por onde ela se inicia é a imaginação e o intelecto, e daí se alastra como um veneno paralisante através dos afetos até os próprios apetites, até tudo transformar-se em massa entorpecida na qual dificilmente sobrevive o sentido. Quando um período tal se aproxima, a poesia dirige-se sempre àquelas faculdades que são as últimas a serem destruídas, e sua voz é ouvida como os passos de Astreia,[28] abandonando o mundo. A poesia sempre comunica todo o prazer que os homens são capazes de receber: ela é sempre ainda a luz da vida; a fonte de tudo o que de belo, de generoso ou de verdadeiro pode subsistir em tempos nefastos. Prontamente se admitirá que, dentre os cidadãos libertinos de

---

[28] Na mitologia grega, divindade identificada com a justiça e a virtude. Vivia entre os homens, na Idade do Ouro, mas, depois, ante a corrupção dos costumes, retirou-se para o céu, onde se transformou na constelação da Virgem.

Siracusa e de Alexandria, aqueles que se deleitavam com os poemas de Teócrito[29] eram menos frios, cruéis e sensuais do que o restante de sua tribo. Mas a corrupção tem de destruir completamente o tecido da sociedade humana, antes que a poesia seja extinta. Nunca foram por completo desfeitos os elos sagrados dessa corrente, que, procedendo das mentes de muitos homens, permanece presa àquelas mentes superiores, de onde, como de um ímã, emana o invisível eflúvio que ao mesmo tempo une, anima e sustenta a vida de todos. É a faculdade que contém dentro de si mesma as sementes tanto da própria renovação como da renovação social. E não vamos circunscrever os efeitos da poesia bucólica e erótica nos limites da sensibilidade daqueles a quem ela se dirigia. Eles podem ter percebido a beleza daquelas composições imortais simplesmente como fragmentos e partes isoladas; os que dispõem de constituição mais refinada, ou nasceram numa era mais feliz, podem reconhecê-las como etapas para aquele grande poema que todos os poetas, como pensamentos que cooperam numa grande mente, vêm construindo desde o início do mundo.

Idênticas revoluções, em uma esfera mais restrita, ocorreram na antiga Roma; mas os atos e as formas da sua vida social parece que nunca foram completamente saturados do elemento poético. Os romanos aparentemente consideraram os gregos como os tesouros mais seletos das mais seletas formas de costumes e de natureza, e parece que se abstiveram de criar, em linguagem metrificada, escultura, música ou arquitetura, qualquer coisa que pudesse ter relação particular com a própria condição deles, na medida em que acreditavam que suas produções deveriam manter relação geral com a constituição universal do mundo. Mas julgamos com base em provas parciais, e julgamos, pois, talvez com parcialidade. Ênio,[30] Varrão,[31] Pacúvio[32] e Ácio,[33]

---

[29] Poeta grego (século III a.C.), criador da poesia bucólica.
[30] Quintus Ennius (239-169 a.C.).
[31] Marcus Terentius Varro (116-26 a.C.).
[32] Marcus Pacuvius (220-132 a.C.).
[33] Lucius Accius (171-86 a.C.).

todos grandes poetas, perderam-se. Lucrécio,[34] num sentido supremo, e Virgílio,[35] num sentido muito elevado, são criadores. A seleta delicadeza das expressões deste são como uma névoa de luz que nos oculta a intensa e extraordinária verdade de suas concepções da natureza. Lívio está impregnado de poesia; Horácio,[36] Catulo[37] e Ovídio,[38] porém – e, de modo geral, os outros grandes escritores da era virgiliana –, viram os homens e a natureza no espelho da Grécia. As instituições e a religião de Roma também eram menos poéticas do que as da Grécia, como a sombra é menos vívida do que a substância. Daí a poesia em Roma parecer antes seguir do que acompanhar a perfeição da sociedade política e doméstica. A verdadeira poesia de Roma viveu em suas instituições, pois o que quer que contivessem de belo, de verdadeiro e de majestoso somente podia brotar da faculdade que cria a ordem em que elas consistem. A vida de Camilo,[39] a morte de Régulo,[40] a expectativa dos senadores, na sua condição quase divina, em relação aos vitoriosos gauleses, a recusa da República de estabelecer a paz com Aníbal,[41] depois da batalha de Canas,[42] não foram consequências de um cálculo refinado sobre o possível proveito pessoal a resultar de tal ritmo e ordem nos casos da vida, para aqueles que eram, ao mesmo tempo, os poetas e os atores desses dramas imortais. A imaginação, contemplando a beleza dessa ordem, criou-a de si mesma, de acordo com sua própria ideia; a consequência foi o império, e a recompensa, a fama para sempre. Essas coisas não constituem menos poesia, *quia carent vate sacro*:[43] são as etapas daquele poema cíclico escrito

---

[34] Titus Lucretius Caro (97-54 a.C.).
[35] Publius Vergilius Maro (70-19 a.C.), escritor, filósofo e filólogo romano.
[36] Quintus Horatius Flaccus (65-8 a.C.), poeta e filósofo romano.
[37] Gaius Valerius Catullus (*circa* 87-57 a.C.), poeta romano.
[38] Publius Ovidius Naso (*circa* 43-17 d.C.), poeta romano.
[39] Marcus Furius Camillus (século IV d.C.), soldado e estadista romano.
[40] Marcus Atilius Regulus (século III a.C.), general e cônsul romano.
[41] General e estadista cartaginês (247-183 a.C.).
[42] Batalha decisiva da Segunda Guerra Púnica, travada em 2 de agosto de 216 a.C., na qual os cartagineses venceram os romanos.
[43] O verso de Horácio (*Odes*, IV, 9, 28) – "[...] carent quia vate sacro" ("[...] porque lhes

pelo tempo nas memórias dos homens. O passado, como um rapsodo inspirado, enche com sua harmonia o teatro de eternas gerações.

Por fim, o antigo sistema de religião e de costumes perfizera o círculo de sua evolução. E o mundo teria caído em completa anarquia e escuridão se não se encontrassem poetas entre os autores dos sistemas cristão e cavalheiresco de costumes e religião, poetas que criaram formas de opinião e ação nunca antes concebidas, as quais, gravadas na imaginação dos homens, tornaram-se como que generais para os perplexos exércitos dos seus pensamentos. Não cabe em nossos objetivos abordar o mal causado por esses sistemas; apenas protestemos, com base nos princípios já estabelecidos, que nenhuma parcela sua pode ser atribuída à poesia que eles contêm.

É provável que a poesia de Moisés, Jó, Davi, Salomão e Isaías tenha causado grande impressão nas mentes de Jesus e de seus apóstolos. Os fragmentos dispersos preservados pelos biógrafos desse ser extraordinário estão todos impregnados da mais vívida poesia; suas doutrinas, porém, parecem ter sido rapidamente distorcidas. A certa altura, depois do predomínio de um sistema de opiniões fundadas nas que foram por ele promovidas, as três formas nas quais Platão distribuíra as faculdades da mente[44] passaram por uma espécie de apoteose, tornando-se objeto de adoração do mundo civilizado. Aqui, deve-se confessar que "A luz parece adensar-se" e "O corvo bate asas para a floresta das gralhas, / As boas coisas do dia começam a declinar e adormecer / E os negros agentes da noite despertam para suas rapinas".[45]

Mas repare-se que bela ordem brotou do pó e do sangue desse caos feroz! Como o mundo, como que ressuscitado, equilibrando-se nas asas douradas do conhecimento e da esperança, retomou seu

---

faltou o sacro vate") – acha-se ligeiramente alterado.
[44] Referência à teoria platônica exposta no diálogo *Timeu*, em que se faz distinção entre uma alma superior, sede do intelecto, e duas almas inferiores, uma que responde pelas paixões e outra que comanda os apetites.
[45] William Shakespeare, *Macbeth* (1623), III, ii, 50-53.

voo ainda incansável para as alturas celestiais do tempo. Escute-se a música, inaudível aos ouvidos estrangeiros, que é como um vento incessante e invisível, nutrindo de força e vivacidade seu eterno curso.

A poesia presente nas doutrinas de Jesus Cristo, bem como a mitologia e as instituições dos conquistadores celtas[46] do Império Romano, sobreviveram à escuridão e às convulsões correlativas de seu crescimento e vitória, fundindo-se num novo tecido de costumes e opinião. É um erro imputar a ignorância da Idade das Trevas às doutrinas cristãs ou ao predomínio das nações celtas[47]. O que quer que seus atos possam ter contido de funesto originou-se da extinção do princípio poético, ligada ao avanço do despotismo e da superstição. Os homens, em virtude de causas demasiado intrincadas para serem discutidas aqui, tinham-se tornado insensíveis e egoístas; sua própria vontade se enfraquecera, e, apesar disso, eram escravos dela, e, assim, escravos da vontade alheia; a luxúria, o medo, a avareza, a crueldade e a desonestidade caracterizaram uma raça na qual não se poderia encontrar ninguém capaz de *criar*, no que tange à forma, à linguagem ou às instituições. As anomalias morais de tal estado da sociedade não devem com justiça ser imputadas a qualquer classe de eventos diretamente ligados a elas, e os eventos mais merecedores de nossa aprovação são aqueles capazes de dissolvê-lo mais prontamente. Constitui uma desgraça para aqueles que não sabem distinguir entre as palavras e os pensamentos o fato de que muitas dessas anomalias tenham sido incorporadas à nossa religião popular.

Não foi senão depois do século XI que os efeitos da poesia dos sistemas cristão e cavalheiresco começaram a manifestar-se. O princípio da igualdade tinha sido descoberto e aplicado por Platão em sua *República*, como a regra teórica do modo pelo qual os produtos geradores de prazer e de poder engendrados pela habilidade e pelo labor comuns dos seres humanos deveriam ser distribuídos entre

---

[46] Confusão do autor, que deve ter querido dizer "germânicos".
[47] Ver nota anterior.

eles. As limitações dessa regra, segundo ele defendeu, deveriam ser determinadas apenas pela sensibilidade de cada um, ou pela utilidade que essa regra tivesse para todos. Platão, seguindo as doutrinas de Timeu[48] e de Pitágoras,[49] ensinou também um sistema de doutrina moral e intelectual, que compreendia ao mesmo tempo a condição humana passada, presente e futura. Jesus Cristo divulgou para a humanidade as verdades sagradas e eternas contidas nessas visões, e o cristianismo, em sua pureza abstrata, tornou-se a expressão exotérica das doutrinas esotéricas[50] sobre poesia e sabedoria da Antiguidade. A incorporação das nações celtas[51] à exaurida população meridional imprimiu nela a imagem da poesia existente na mitologia e nas instituições daquelas nações. O resultado foi uma soma da ação e da reação de todas as causas nela incluídas, pois pode-se aceitar como máxima que nenhuma nação ou instituição pode suplantar qualquer outra sem incorporar uma parte daquilo que suplanta. A abolição da escravatura pessoal e doméstica, bem como a emancipação das mulheres de grande parte das degradantes restrições da Antiguidade, figurou entre as consequências desses acontecimentos.

A abolição da escravatura pessoal constitui a base da mais alta esperança política que a mente do homem pode conceber. A liberdade das mulheres produziu a poesia do amor sexual. O amor tornou-se uma religião, cujos ídolos estavam sempre presentes para adoração. Foi como se as estátuas de Apolo e das Musas tivessem sido dotadas de vida e movimento, para caminhar por entre seus adoradores, de modo a povoar-se assim a terra com habitantes de um mundo mais divino. A aparência e as condutas familiares da vida tornaram-se

---

[48] Timeu de Locro (século V a.C.), filósofo grego.
[49] Pitágoras de Samos (século VI a.C.), filósofo e matemático grego.
[50] Nas escolas de filosofia da Antiguidade grega, o termo *exotérico* qualificava os ensinamentos que, pelo interesse generalizado que suscitavam e pela forma simples pela qual eram expostos, destinavam-se ao público em geral, não se dirigindo, pois, apenas a discípulos iniciados. *Esotéricos*, ao contrário, eram os ensinamentos ministrados a círculos restritos e fechados de ouvintes.
[51] Ver nota 46.

maravilhosas e celestiais, e criou-se um paraíso sobre as ruínas do Éden. E como essa própria criação é poesia, assim seus criadores eram poetas; e a linguagem foi o instrumento de sua arte – "Galeotto fu il libro, e chi scrisse".[52] Os *trouveurs*[53] – ou inventores – provençais precederam Petrarca, cujos versos são como feitiços que desvelam as mais secretas fontes de deleite que existem nas dores do amor. É impossível senti-las sem nos tornarmos uma parte daquela beleza que contemplamos: seria ocioso explicar como a suavidade e a elevação da mente ligadas a essas sagradas emoções podem tornar mais amáveis os homens, mais generosos e sábios, e soerguê-los acima das emanações cinzentas do pequeno mundo do eu. Dante compreendeu os segredos do amor melhor ainda do que Petrarca. Sua *Vita Nuova*[54] constitui uma fonte inesgotável de pureza de sentimento e de linguagem; é a história idealizada daquele período e dos intervalos de sua vida que foram dedicados ao amor. Sua apoteose de Beatriz no "Paraíso", e as gradações de seu próprio amor e do encanto de sua amada, pelas quais, como que por degraus, ele simula ter ascendido ao trono da Suprema Causa, constituem a mais gloriosa imaginação da poesia moderna. Os críticos mais sagazes com justiça inverteram por completo o juízo do vulgo e a ordem dos grandes atos da *Divina Comédia*,[55] proporcionalmente à admiração que têm pelo "Inferno", pelo "Purgatório" e pelo "Paraíso". Este último é um hino perpétuo de amor eterno. O amor, que, entre os antigos, encontrou um poeta digno apenas em Platão, foi celebrado por um coro dos maiores escritores do mundo renovado; e a música penetrou as cavernas da

---

[52] "Galaad foi o livro, e ele é que o escreveu" (Dante, *Inferno*, V, 137). Passagem em que Francesca da Rimini atribui seu amor adulterino à leitura de uma novela de cavalaria do chamado ciclo arturiano, entre cujos personagens figuram Lancelote e Galaad.
[53] Em francês no original. O substantivo *trouveur* provém do verbo *trouver* (encontrar), significando "inventor", "descobridor", isto é, "aquele que encontra". O autor o relaciona com o seu parônimo *trouvère* (trovador), sugerindo uma hipotética relação etimológica entre os dois vocábulos, que superpõe as ideias de poeta (*trouvère*) e inventor (*trouveur*).
[54] Obra da juventude de Dante (*circa* 1292).
[55] *Circa* 1313-1320.

sociedade, e seus ecos ainda abafam a dissonância das armas e da superstição. A intervalos sucessivos, Ariosto, Tasso, Shakespeare, Spenser, Calderón, Rousseau[56] e os grandes escritores de nossa própria época celebraram o domínio do amor, plantando na mente humana como que troféus dessa sublime vitória sobre a sensualidade e a violência. A verdadeira relação um com o outro mantida pelos sexos nos quais está dividida a humanidade tornou-se menos mal compreendida; e, se o erro que confundiu diversidade com desigualdade de poderes dos dois sexos tem sido parcialmente reconhecido nas opiniões e instituições da Europa moderna, devemos esse grande benefício ao culto de que a instituição da cavalaria foi a lei, e os poetas, seus profetas.

A poesia de Dante pode ser considerada a ponte lançada sobre a correnteza do tempo que une os mundos moderno e antigo. As noções distorcidas das coisas invisíveis que Dante e seu rival, Milton, idealizaram constituem meramente a máscara e o manto sob os quais esses grandes poetas caminham pela eternidade embuçados e disfarçados. Constitui questão difícil determinar até que ponto estavam eles conscientes da distinção que deve ter subsistido em suas mentes entre suas próprias crenças e as de seu povo. Dante pelo menos parece desejar assinalá-la com toda a clareza ao colocar no "Paraíso" Rifeu,[57] a quem Virgílio chama *justissimus unus*,[58] e ao observar um capricho muitíssimo herético na sua distribuição de recompensas e castigos. E o poema de Milton contém em si uma refutação filosófica desse sistema, do qual, por uma antítese estranha e natural, tem sido um importante e popular sustentáculo. Nada pode superar a energia e a magnificência do caráter de Satã como expresso no *Paraíso Perdido*.[59] Constitui erro supor que pudesse ter

---

[56] Jean-Jacques Rousseau (1712-1778), filósofo e escritor genebrino.
[57] Guerreiro troiano, feito personagem da *Eneida*.
[58] "O mais justo" (Virgílio, *Eneida*, II, 426-27).
[59] A obra teve uma primeira edição em 1667, com dez cantos, e uma segunda, com doze, em 1674.

sido concebido como uma personificação popular do mal. Ódio implacável, astúcia paciente e um requinte incansável de recursos destinados a infligir a mais extremada angústia em um inimigo, eis o mal; e, embora se trate de coisas veniais num escravo, não devem ser perdoadas num tirano; embora redimidas pelo muito que enobrece a derrota do subjugado, acham-se assinaladas por tudo o que desonra sua conquista na vitória. O Diabo de Milton, como um ser moral, é tão superior ao seu Deus quanto aquele que persevera em algum propósito que considera digno, a despeito da adversidade e da tortura, o é em relação àquele que, na fria segurança do triunfo garantido, inflige a mais terrível vingança ao seu inimigo, não em virtude de alguma noção equivocada que o induza a arrepender-se de perseverar na animosidade, mas com o declarado desígnio de exasperá-lo, para que mereça novos suplícios. Milton violou a crença popular (se isso deve ser julgado como violação) a ponto de declarar não haver nenhuma superioridade de virtude moral de seu Deus sobre seu Diabo. E essa corajosa indiferença por um propósito moral claro constitui a prova mais decisiva da supremacia do gênio de Milton. Ele, por assim dizer, mesclou os elementos da natureza humana, como cores em uma única paleta, e os distribuiu na composição de seu grandioso quadro, de acordo com as leis da verdade épica, isto é, de acordo com as leis do princípio pelo qual uma série de ações do universo exterior e de seres inteligentes e éticos é calculada para incitar a simpatia de sucessivas gerações da humanidade. *A Divina Comédia* e o *Paraíso Perdido* conferiram uma forma sistemática à mitologia moderna; e, quando a mudança e o tempo tiverem acrescentado mais uma superstição ao volume das que surgiram e desapareceram na Terra, os comentadores doutamente hão de empenhar-se em elucidar a religião da Europa ancestral, que só não estará inteiramente esquecida por ter sido assinalada com a eternidade do gênio.

    Homero foi o primeiro, e Dante o segundo poeta épico, isto é, o segundo poeta cuja série de criações sustentou uma relação definida e inteligível com o saber, o sentimento e a religião da era em que viveu e das eras que a sucederam, desenvolvendo-se em conformidade com o desenvolvimento delas. Pois Lucrécio enredou as asas da sua mente ligeira nos detritos do mundo sensível; e Virgílio, com modéstia que pouco convinha a seu gênio, afetou fama de imitador, mesmo quando recriava tudo o que copiava, e ninguém, no bando de pássaros arremedadores, Apolônio Ródio,[60] Quinto Esmirneu Calabrês,[61] Nônio,[62] Lucano, Estácio[63] ou Claudiano,[64] por doces que fossem seus gorjeios, tentou satisfazer sequer uma única exigência da verdade épica. Milton foi o terceiro poeta épico. Pois, se o título de *épico* no seu mais elevado sentido for recusado à *Eneida*, menos ainda pode ser concedido a *Orlando Furioso*,[65] *Jerusalém Libertada*,[66] aos *Lusíadas* ou *Faerie Queene*.[67]

Dante e Milton estavam ambos profundamente impregnados da antiga religião do mundo civilizado, e o espírito dessa religião está presente na poesia deles provavelmente na mesma proporção em que suas formas sobreviveram no culto não reformado da Europa moderna. Um precedeu e o outro seguiu-se à Reforma, a intervalos quase iguais. Dante foi o primeiro reformador religioso, e Lutero[68] superou-o antes pela crueza e pela acrimônia do que pela coragem de suas censuras à usurpação papal. Dante foi o primeiro que despertou a Europa letárgica; criou uma linguagem, em si mesma música e persuasão, desde um caos de barbarismos desarmoniosos. Congregou os grandes espíritos que presidiram à ressurreição da cultura; foi o Lúcifer desse rebanho de estrelas que, no século

---

[60] Poeta grego (século III a.C.).
[61] Quintus Smyrnaeus (século III-IV d.C.).
[62] Nonius Marcellus (século III-IV d.C.).
[63] Publius Papinius Statius (*circa* 40-96 d.C.) .
[64] Claudius Claudianus (século IV-V d.C.).
[65] Poema de Ludovico Ariosto (1474-1533), cuja versão final foi publicada em 1532.
[66] Poema de Torquato Tasso, publicado em 1580.
[67] Poema de Spenser, inicialmente publicado numa versão em três livros (1590), e depois em outra de seis livros (1596).
[68] Martinho Lutero (1483-1546), monge agostiniano e professor de teologia germânico, figura central da Reforma Protestante.

XIII, brilhou da Itália republicana, como de um céu, nas trevas do mundo anoitecido. Suas próprias palavras estão impregnadas de espírito; cada uma constitui uma centelha, um átomo flamejante de pensamento inextinguível; e, contudo, muitas jazem cobertas nas cinzas de seu nascimento e prenhes de um relâmpago que ainda não encontrou condutor. Toda alta poesia é infinita; é como a primeira semente, que contém potencialmente todos os carvalhos. Véu após véu podem ser descerrados, e a mais secreta beleza nua do significado nunca é exposta. Um grande poema é uma fonte para sempre transbordante das águas da sabedoria e do deleite; e, após alguém ou alguma era ter esgotado todo o divino eflúvio que suas relações peculiares lhes permitem partilhar, sucedem-lhe outra e outras mais, e novas relações sempre se desenvolvem, manancial de um deleite imprevisto e inconcebido.

A era que imediatamente sucedeu à de Dante, Petrarca e Boccaccio foi caracterizada por um renascimento da pintura, da escultura e da arquitetura. Chaucer captou a sagrada inspiração, e a superestrutura da literatura inglesa funda-se nos produtos da invenção italiana.

Mas não sejamos desviados de uma defesa para uma história crítica da poesia e sua influência sobre a sociedade. Seja suficiente ter apontado a influência dos poetas, no sentido amplo e verdadeiro da palavra, sobre sua própria época e todos os tempos que a sucederam.

Os poetas, contudo, em virtude de outra objeção, foram desafiados a renunciar à coroa cívica em proveito de raciocinadores e mecanicistas.[69] Admite-se que o exercício da imaginação é altamente

---

[69] No original, *mechanists*. A palavra em inglês significa literalmente "pessoa entendida na ciência da mecânica", sendo sinônimo de *mechanician*. O autor a utiliza, porém, não nesse sentido, mas para reforçar o termo anterior – *reasoners*, no original –, enfatizando assim a oposição entre os adeptos da objetividade, do cálculo e do raciocínio lógico – *reasoners* e *mechanists* – e o cultor da subjetividade, da imaginação e dos sentimentos: *the poet*. O termo não tem correspondente exato em português, mas nos pareceu que bem o traduz o vocábulo *mecanicista*, isto é, indivíduo adepto de uma concepção filosófica segundo a qual a realidade consiste num conjunto de fenômenos objetivos vinculados por relações de causa e efeito.

deleitoso, mas alega-se que o da razão é mais útil. Examinemos, como fundamento dessa distinção, o que se entende aqui por *utilidade*. O prazer ou o bem, em sentido amplo, é aquilo que a consciência de um ser sensível e inteligente busca, e a que, quando encontrado, ele aquiesce. Há duas espécies de prazer: um é duradouro, universal e permanente; o outro, transitório e particular. Utilidade pode significar os meios de gerar a primeira ou a segunda espécie. No primeiro sentido, é útil tudo aquilo que fortaleça e purifique as afeições, amplie a imaginação e acrescente espírito ao sentido. Mas pode-se atribuir um significado mais restrito à palavra *utilidade*, limitando-a a expressar aquilo que elimina o incômodo das carências de nossa natureza animal, o enclausuramento dos homens na segurança da vida, a dissipação das ilusões mais grosseiras da superstição, bem como o alcance de certo nível de tolerância mútua entre os homens compatível com as razões do benefício pessoal.

Sem dúvida, os promotores da utilidade, nesse sentido limitado, têm sua função determinada na sociedade. Eles seguem os passos dos poetas e copiam os esboços de suas criações no livro da vida cotidiana; criam espaço e proporcionam tempo. Seus esforços são do mais alto valor, desde que contenham a administração dos interesses das capacidades inferiores da nossa natureza dentro dos limites devidos às superiores. Mas, enquanto o cético destrói as superstições grosseiras, que poupe de desfiguração as verdades eternas gravadas na imaginação dos homens, diferentemente do que fizeram alguns escritores franceses. Enquanto o mecanicista reduz e o economista político organiza o trabalho, que cuidem para que suas especulações, por falta de correspondência com os princípios primeiros pertinentes à imaginação, não tendam, como fizeram na Inglaterra moderna, a exasperar ao mesmo tempo os extremos do luxo e da carência. Eles exemplificaram o dito "Para aquele que tem, mais será dado; e para o que não tem, o pouco que possui lhe será tirado". Os ricos tornaram-se mais ricos, e os pobres, mais pobres; e o barco do Estado deriva entre a Cila e o Caribde[70] da anarquia e do despotismo. Tais são os efeitos que sempre hão de derivar de um imoderado exercício da faculdade calculista.

É difícil definir o prazer no seu sentido mais elevado, envolvendo a definição uma quantidade de paradoxos evidentes. Pois, em virtude de um inexplicável defeito de harmonia na constituição da natureza humana, o sofrimento das partes inferiores do nosso ser está frequentemente ligado aos prazeres das superiores. A tristeza, o terror, a angústia, o próprio desespero são muitas vezes expressões seletas de uma aproximação ao supremo bem. Nossa simpatia na ficção trágica depende desse princípio; a tragédia deleita ao proporcionar uma sombra do prazer que há na dor. Essa é a origem também da melancolia, que é inseparável da mais doce melodia. O prazer que há na tristeza é mais doce que o prazer do próprio prazer. E daí o dito "Mais vale frequentar a casa do luto do que a casa da alegria".[71] Isso não significa, contudo, que a espécie mais elevada de prazer esteja necessariamente ligada à dor. O deleite do amor e da amizade, o êxtase da admiração da natureza, a alegria da percepção e mais ainda a da criação poética são muitas vezes inteiramente puros.

A produção e a garantia do prazer nesse sentido mais elevado constituem a verdadeira utilidade. Aqueles que produzem e preservam esse prazer são poetas ou filósofos poéticos.

Os esforços de Locke,[72] Hume,[73] Gibbon,[74] Voltaire, Rousseau,[75] bem como de seus discípulos, em prol da humanidade oprimida e

---

[70] Na mitologia grega, Cila é um monstro habitante de uma caverna situada no estreito de Messina, que separa a Itália da Sicília; em frente à sua morada, fica o rochedo Caribde, onde vive outro monstro. Navegar entre Cila e Caribde é, pois, aventurar-se entre duas poderosas ameaças.
[71] Eclesiastes 7,3: "Melhor é ir à casa que está de luto do que ir à casa onde se dá banquete."
[72] John Locke (1632-1704), filósofo inglês.
[73] David Hume (1711-1776), filósofo, historiador e ensaísta britânico.
[74] Edward Gibbon (1737-1794), historiador inglês.
[75] Embora Rousseau tenha sido assim classificado, ele era essencialmente poeta. Os outros, mesmo Voltaire, eram meros raciocinadores [nota do autor].

iludida, credenciam-se à gratidão dos homens. No entanto, não tivessem eles jamais vivido, seria fácil calcular o grau de aperfeiçoamento moral e intelectual que o mundo teria apresentado. Alguns disparates a mais teriam sido ditos por um ou dois séculos; e talvez alguns poucos homens, mulheres e crianças a mais teriam sido queimados como heréticos. Poderíamos, neste momento, não nos estar congratulando pela abolição da Inquisição na Espanha.[76] Mas excede a toda imaginação conceber qual seria a condição moral do mundo se Dante, Petrarca, Boccaccio, Chaucer, Shakespeare, Calderón, lorde Bacon e Milton jamais tivessem existido; se Rafael e Michelangelo nunca tivessem nascido; se a poesia hebraica jamais tivesse sido traduzida; se um renascimento do estudo da literatura grega nunca tivesse ocorrido; se nenhum dos monumentos da escultura antiga nos tivesse sido legado; e se a poesia da religião do mundo antigo tivesse sido extinta juntamente com sua crença. A mente humana, salvo pela intervenção desses estímulos, nunca poderia ter despertado para a invenção das ciências mais vulgares, bem como para a aplicação do raciocínio analítico às aberrações da sociedade, que agora se tenta enaltecer acima da expressão direta da própria faculdade inventiva e criadora.

Possuímos mais sabedoria moral, política e histórica do que capacidade para colocá-la em prática; dispomos de mais conhecimento científico e econômico do que pode ser aplicado à justa distribuição da produção que ele multiplica. A poesia, nesses sistemas de pensamento, fica escondida pela acumulação de fatos e de processos de cálculo. Não há carência de conhecimento no que diz respeito ao que é mais sábio e melhor quanto à ética, ao governo e à economia política, ou, pelo menos, no que diz respeito ao que é mais sábio e melhor do que aquilo que, no momento, os homens praticam ou suportam. Mas dizemos "*não me atrevo*, depois de *gostaria*, como o

---

[76] O autor escreve em 1821 e o primeiro ato para a abolição da Inquisição na Espanha data de 1812, embora sua extinção definitiva só tenha ocorrido em 1834.

pobre gato do provérbio".[77] Queremos que a faculdade criadora imagine aquilo que sabemos; queremos o impulso generoso para realizar aquilo que imaginamos; queremos a poesia da vida: nossos cálculos ultrapassaram a concepção; comemos mais do que podemos digerir. O cultivo dessas ciências que ampliaram os limites do império do homem sobre o mundo exterior, por falta da faculdade poética, circunscreveu proporcionalmente os do mundo interior, e o homem, tendo escravizado os elementos, permanece ele próprio escravo.

A que, senão a um cultivo das artes mecânicas num grau desproporcional à presença da faculdade criadora, que é a base de todo conhecimento, deve-se atribuir o abuso de toda invenção para reduzir e organizar o trabalho, até a exacerbação da desigualdade entre os homens? De que outra causa decorre o fato de que as descobertas que deveriam ter tornado mais leve o peso da maldição lançada sobre Adão acrescentaram-lhe um peso maior? A poesia e o princípio do eu, do qual o dinheiro é a encarnação visível, constituem [respectivamente] o Deus e o Mamon[78] do mundo.

É dupla a função da faculdade poética; por meio de uma, ela cria novos materiais de conhecimento, poder e prazer; por meio da outra, engendra na mente um desejo de reproduzi-los e organizá-los de acordo com certo ritmo e ordem que podemos chamar o *belo* e o *bem*. O cultivo da poesia nunca deve ser tão desejado quanto em períodos em que, em virtude de um excesso do princípio egoístico e calculista, a acumulação dos materiais da vida exterior excede a capacidade de assimilá-los às leis internas da natureza humana. O corpo tornou-se desde então por demais desajeitado para aquilo que o anima.

---

[77] *Macbeth*, I, vii, 44-45: "Como o gato da fábula, dizendo: / Não creio... tenho medo... mas eu queria".
[78] Trata-se da palavra em hebraico e aramaico para "rico". Especula-se sobre a existência de uma divindade siríaca com esse nome. No *Paraíso Perdido*, de John Milton (1608-1674), a palavra é empregada como nome próprio de um espírito ("Mammon, the least erected spirit that fell from heaven" [I, 679]).

A poesia é de fato algo divino. É simultaneamente o centro e a circunferência do conhecimento; aquilo que compreende toda a ciência e aquilo a que toda ciência deve ser referida. Constitui ao mesmo tempo a raiz e a flor de todos os outros sistemas de pensamento; é aquilo de que tudo brota e que a tudo adorna; e que, estiolado, nega o fruto e a semente, e priva o mundo estéril do alimento e da sucessão de rebentos da árvore da vida. É a perfeita e plena face e florescência de todas as coisas; é como o perfume e a cor da rosa para a textura dos elementos que a compõem, como a forma e o esplendor da beleza inalterável para os segredos da anatomia e da putrefação. Que seriam a virtude, o amor, o patriotismo, a amizade; que seria o cenário deste belo universo que habitamos; que seriam nossas consolações neste lado da sepultura, e que seriam as nossas aspirações para além dela, se a poesia não se elevasse para trazer luz e fogo dessas regiões eternas onde a faculdade calculista, com suas asas de coruja,[79] nunca ousa pairar? A poesia não é como o raciocínio, uma capacidade que pode ser exercida de acordo com a decisão da vontade. Um homem não pode dizer: "Vou compor poesia." Nem mesmo o maior dos poetas pode dizê-lo; pois a mente em criação é como uma brasa efêmera, que alguma influência invisível, como um vento inconstante, desperta para um brilho transitório; esse poder vem de dentro, como o colorido de uma flor que desbota e vai mudando enquanto se desenvolve, e as partes conscientes de nossas naturezas não podem prever nem sua aproximação nem sua partida. Pudesse essa influência perdurar em sua pureza e força originais e seria impossível prever a grandiosidade dos seus resultados; mas, quando a composição tem início, a inspiração já está em declínio, e a mais gloriosa poesia jamais comunicada ao mundo provavelmente não passa de uma tênue sombra das concepções originais do poeta. Recorro aos maiores poetas de nossos dias para saber se não é um erro afirmar

---

[79] No original, *the owl-winged faculty of calculation*. Parece que o autor explora a simbologia antiga ligada à coruja, ave consagrada a Atena, deusa da razão (e, pois, do cálculo).

que as mais belas passagens poéticas são produtos do trabalho e do estudo. A fadiga e a demora recomendadas por críticos podem ser corretamente interpretadas como nada mais do que uma cuidadosa obediência aos momentos inspirados, e uma conexão artificial dos espaços entre suas sugestões, pelo entretecimento de expressões convencionais: uma necessidade apenas imposta pela limitação da própria faculdade poética; pois Milton concebeu o *Paraíso Perdido* como um todo antes que o executasse por partes. Temos seu próprio testemunho de que a Musa "lhe ditou" o "canto impremeditado".[80] E que isso sirva de resposta a todos os que alegarem as cinquenta e seis diferentes versões do primeiro verso do *Orlando Furioso*. Composições assim produzidas estão para a poesia como o mosaico para a pintura. Esse instinto e essa intuição da faculdade poética são ainda mais observáveis nas artes plásticas e pictóricas; uma estátua ou uma pintura grandiosas desenvolvem-se sob o poder do artista como uma criança no ventre materno; e a própria mente que dirige as mãos na execução da obra é incapaz de dar conta para si próprio da origem, das gradações ou dos meios do processo.

A poesia é o registro dos melhores e mais felizes momentos das mentes mais felizes e melhores. Estamos conscientes das visitações evanescentes do pensamento e do sentimento, por vezes associadas a lugares ou pessoas, por vezes relacionadas apenas com a nossa própria mente, e sempre surgindo imprevisíveis e partindo sem o nosso controle, mas indizivelmente arrebatadoras e deleitosas, de tal modo que, mesmo no desejo e na pena que nos deixam como seu legado, não pode existir senão prazer, integrantes que são da natureza de seu objeto. É como se fosse a penetração na nossa própria natureza de outra e mais divina natureza; suas pegadas, no entanto, são como as do vento sobre o mar, que a calmaria matutina apaga, e cujos vestígios mal permanecem na areia sulcada do fundo. Tais pegadas e os estados do ser que lhes correspondem são vivenciados

---

[80] *Paraíso Perdido*; IX, 23-24.

principalmente por aqueles dotados da mais delicada sensibilidade e da imaginação mais desenvolvida; e o estado mental por eles produzidos é infenso a todo desejo vil. O entusiasmo da virtude, do amor, do patriotismo e da amizade está essencialmente ligado a tais emoções; e, enquanto elas perduram, o eu se apresenta como aquilo que é: um átomo para um universo. Os poetas não apenas estão sujeitos a essas experiências como espíritos dotados da mais refinada constituição, mas também, com os tons evanescentes desse mundo etéreo, podem colorir tudo aquilo que organizam; uma palavra, um traço na representação de uma cena ou de uma paixão, tocará a corda encantada e reanimará, naqueles que já vivenciaram essas emoções, a adormecida, fria e sepultada imagem do passado. A poesia, assim, torna imortal tudo o que há de melhor e de mais belo no mundo; apreende as aparições vaporosas que assombram os interlúnios da vida e, velando-as na linguagem ou na forma, as envia à humanidade, levando suaves novas de alegria congênere à sua própria àqueles com quem demoram suas irmãs[81] – *demoram*, porque, entre as cavernas do espírito onde elas habitam e o universo das coisas, não há ponte de expressão. A poesia redime da corrupção as visitações da divindade no homem.

    A poesia tudo transforma em encanto; exalta a beleza do que é mais belo e acrescenta beleza ao que há de mais disforme; concilia a exultação e o horror, a dor e o prazer, a eternidade e a mudança; sob seu leve jugo, reduz à união todas as coisas irreconciliáveis. Ela transmuda tudo o que toca, e todas as formas que se movem no resplendor de sua presença transformam-se, por prodigiosa simpatia, numa encarnação do espírito que dela emana; sua secreta alquimia transforma em ouro potável as águas envenenadas que fluem da morte para a vida; ela despe o véu de familiaridade

---

[81] Obscura a passagem, pois não é nada clara a referência de "suas irmãs". Serão as "aparições vaporosas" as irmãs da poesia? E "aqueles com quem demoram suas irmãs" serão os "espíritos dotados da mais refinada constituição"?

do mundo e descobre a beleza nua e adormecida que constitui o espírito de suas formas.

Tudo existe como é percebido; pelo menos em relação a quem percebe. "A mente é seu próprio lar, e de si mesma pode fazer do inferno um céu, e do céu um inferno."[82] Mas a poesia anula a maldição que nos sujeita ao acidente das impressões que nos rodeiam. E, quer estenda sua própria cortina ornamentada, quer retire do cenário das coisas o negro véu da vida, cria sempre para nós um ser dentro do nosso ser. Ela nos torna habitantes de um mundo para o qual o mundo familiar é um caos. Reproduz o universo comum de que somos parte e que percebemos, e remove de nosso panorama interior a película de familiaridade que nos oculta a maravilha do nosso ser. Ela nos compele a sentir o que percebemos e a imaginar o que sabemos; recria o universo após ele ter sido eliminado em nossas mentes pela recorrência de impressões embotadas pela reiteração; e justifica as palavras ousadas e verdadeiras de Tasso: "Non merita nome di creatore, se non Iddio ed il Poeta."[83]

Um poeta, como é para outros o autor da mais elevada sabedoria, prazer, virtude e glória, também pessoalmente deve ser o mais feliz, o melhor, o mais sábio e o mais ilustre dos homens. Quanto à sua glória, desafiemos o tempo a proclamar se a fama de qualquer outro instituidor da vida humana é comparável à de um poeta. Que ele é o mais sábio, o mais feliz e o melhor, na medida em que é poeta, é sempre inquestionável: os maiores poetas foram homens da mais impoluta virtude, da mais consumada prudência e, se olharmos para o interior de suas vidas, os mais afortunados entre os homens; e as exceções, como dizem respeito àqueles que possuem a faculdade poética num grau elevado, porém inferior, verificaremos que, submetidas à consideração, antes restringem do que destroem a regra. Dobremo-nos, por um instante, à arbitragem da opinião popular e,

---

[82] *Paraíso Perdido*, I, 254-255.
[83] "Não merecem o nome de criador senão Deus e o Poeta" (Tasso, *Discurso Sobre o Poema Heroico*).

usurpando e unindo em nossas próprias pessoas os papéis incompatíveis de acusador, testemunha, juiz e carrasco, decidamos, sem julgamento, testemunho ou formalidade, que são passíveis de censura certas razões daqueles que estão "lá sentados, aonde não ousamos ascender".[84] Admitamos que Homero era um bêbado; Virgílio, um adulador; Horácio, um covarde; Tasso, um louco; lorde Bacon, um peculador; Rafael, um libertino; Spenser, um poeta laureado. Não é compatível com essa parte do nosso tema citar poetas vivos, mas a posteridade fez justiça suficiente aos grandes nomes aqui mencionados. Seus erros foram sopesados e não passaram de poeira na balança; se seus pecados "foram como escarlate, são agora brancos como a neve":[85] foram lavados no sangue do mediador e redentor, o tempo. Observe-se em que ridículo caos as imputações de crimes reais ou fictícios foram embaralhadas nas calúnias contemporâneas contra a poesia e os poetas; considere-se o pouco que é à medida que parece – ou que parece à medida que é; examinem suas próprias razões, e não julgueis, para que não sejais julgados.

A poesia, como dissemos, difere da lógica a esse respeito: ela não está sujeita ao controle dos poderes ativos da mente, e seu nascimento e recorrência não têm conexão necessária com a consciência ou com a vontade. É presunçoso estabelecer que essas são as condições necessárias de toda causalidade mental, quando os efeitos mentais são vivenciados como insuscetíveis de serem referidos a elas. A frequente recorrência do poder poético – é óbvio supor – pode produzir na mente um hábito de ordem e de harmonia correlativo com sua própria natureza e com seus efeitos sobre outras mentes. Mas, nos intervalos de inspiração – e eles podem ser frequentes sem ser duradouros –, um poeta torna-se homem, e é abandonado ao súbito refluxo das influências sob as quais outros homens habitualmente

---

[84] *Paraíso perdido*; IV, 829.

[85] Isaías 1,18: "E vinde, e argui-me, diz o Senhor: se os vossos pecados forem como escarlate, eles se tornarão brancos como a neve; e, se forem roxos como o carmesim, ficarão como a branca lã."

vivem. No entanto, como sua constituição é mais delicada do que a de outros homens, e sensível à dor e ao prazer, tanto aos próprios como aos dos outros, em um grau deles desconhecido, evitará a dor e perseguirá o prazer, com ardor proporcional a essa diferença. E ficará exposto à calúnia quando deixar de observar as circunstâncias sob as quais esses objetos de perseguição e fuga universais se disfarçam, trocando entre si as indumentárias.

Mas não há nada necessariamente mau nesse erro e, assim, a crueldade, a inveja, a avareza e as paixões essencialmente más nunca fizeram parte das imputações populares sobre as vidas dos poetas.

Julguei muito favorável à causa da verdade registrar essas observações de acordo com a ordem em que me foram sugeridas à mente, pela consideração do próprio tema, em vez de observar a formalidade de uma réplica polêmica; mas, se for justa a visão que elas contêm, verificar-se-á que se trata de uma refutação dos que argumentam contra a poesia, pelo menos no que concerne à primeira parte do tema. Posso prontamente conjecturar sobre o que teria movido o rancor de alguns escritores eruditos e inteligentes que polemizaram com certos versejadores; eu, como eles, confesso-me resistente a encarar as *Teseidas*[86] dos roucos Codros de hoje. Bávio e Mévio[87] indubitavelmente são, como sempre foram, pessoas insuportáveis. Mas cabe a um crítico filosófico distinguir, e não maldizer.

A primeira parte dessas observações diz respeito à poesia nos seus elementos e princípios; e mostrou-se, tanto quanto permitiriam os estreitos limites que lhes são determinados, que o que se chama *poesia* em sentido restrito tem uma fonte comum a todas as outras formas de ordem e de beleza, de acordo com as quais os materiais da

---

[86] O poeta satírico Juvenal (Decimus Iunius Iuvenalis, *circa* 60-128 d.C.) atribui a Codro, exemplo de mau poeta, uma tragédia em torno do herói mitológico Teseu, *Teseida*, de existência não comprovada.
[87] Codro, Bávio e Mévio são tradicionais exemplos clássicos de maus poetas. Codro é mencionado por Juvenal; Bávio e Mévio, por Virgílio.

vida humana podem ser distribuídos, e que constituem a poesia, em um sentido universal.

A segunda parte[88] terá como objetivos uma aplicação desses princípios ao estado atual do cultivo da poesia e uma defesa da tentativa de idealizar as formas modernas dos costumes e opiniões, compelindo-as a uma subordinação à faculdade imaginativa e criadora. Pois a literatura da Inglaterra, cujo vigoroso desenvolvimento sempre precedeu ou acompanhou um grande e livre desenvolvimento da vontade nacional, despontou como que para um novo nascimento. Apesar da baixeza invejosa que desejaria subestimar o mérito contemporâneo, nossa própria era será memorável por suas realizações intelectuais, e vivemos entre filósofos e poetas que ultrapassam, sem comparação, quaisquer outros que surgiram desde a última luta nacional pelas liberdades civil e religiosa.[89] O mais infalível arauto, companheiro e seguidor do despertar de um grande povo para operar uma transformação benéfica na opinião ou nas

---

[88] Escrito em resposta ao ensaio "The Four Ages of Poetry", de Thomas Love Peacock (1785-1866), publicado em 1820 no primeiro número do periódico *Ollier's Literary Miscellany*, o texto se destinava a publicação, em três partes, nos números subsequentes. Como, no entanto, o periódico não passou do seu primeiro número, o manuscrito da primeira parte (a única que Shelley chegou a escrever) ficou na posse dos irmãos Hunt, seus amigos James Henry Leigh (1784-1859) e John (1775-1848), que se propuseram publicá-lo na revista de que eram editores – *The Liberal* –, mas eliminando do texto as alusões diretas a Peacock e seu artigo, considerando que elas só se justificariam como réplica imediata àquele autor e, por conseguinte, no espaço do próprio *Ollier's Miscellany*. Ainda dessa vez, contudo, o texto permaneceria inédito, pois Shelley morreu em 1822, e *The Liberal* não passou do quarto número, aparecido em 1823. Assim, o ensaio só viria a público – e com os cortes feitos por John Hunt – em 1840, em um dos dois volumes organizados por Mary Shelley (1797-1851), viúva do autor, nos quais ela reuniu trabalhos que o poeta deixara inéditos e dispersos. Nessa versão é que o texto se fixou, constituído apenas pela primeira parte das três inicialmente planejadas, e com o expurgo promovido por John Hunt. Em tal formato, então, passou a ser, como disse mordazmente Peacock, "uma defesa sem ataque" (*apud* Brett-Smith, p. xvi), ou, em termos favoráveis, um pequeno tratado autônomo sobre a ideia de poesia.

[89] Referência ao conflito do século XVII entre parlamentaristas e partidários do rei, que redundou no assassinato do rei Carlos I (1600-1649) e na implantação da República, sob a liderança de Oliver Cromwell (1599-1658).

instituições é a poesia. Em tais períodos, há uma acumulação do poder de transmissão e recepção de concepções vigorosas e apaixonadas relativas ao homem e à natureza. As pessoas que dispõem dessa capacidade podem, muitas vezes, no que tange a muitos aspectos de sua natureza, manter pouca correspondência aparente com aquele espírito benfazejo de que são ministros. Mas, mesmo quando negam e abjuram, ainda assim são compelidas a servir ao poder que senta no trono de suas próprias almas. É impossível ler as composições dos mais celebrados escritores da atualidade sem estremecer com a vida eletrizante que arde em suas palavras. Eles medem a circunferência e sondam as profundezas da natureza humana com espírito abrangente e penetrante, sendo talvez eles próprios os mais sinceramente maravilhados em face de suas manifestações, pois que são menos suas do que do espírito de seu tempo. Os poetas são os hierofantes de uma inspiração inapreendida; os espelhos das sombras gigantescas que a posteridade lança sobre o presente; as palavras que expressam o que não entendem; as trombetas que chamam para a batalha, e não sentem o que inspiram. Os poetas são os legisladores não reconhecidos do mundo.

4 STUART MILL

O QUE É POESIA?[1]
JOHN STUART MILL

Tem-se perguntado com frequência: o que é poesia? E muitas e variadas são as respostas que vêm sendo obtidas. A mais comum de todas – com a qual jamais pode ficar satisfeita a pessoa dotada das faculdades às quais a poesia se dirige – é aquela que confunde poesia e composição métrica. Muitos, não obstante, regrediram para esse infeliz arremedo de definição, em função do fracasso de todas as suas tentativas de encontrar qualquer outra capaz de distinguir entre o que se acostumaram a chamar *poesia* e muita coisa que conhecem somente sob outros nomes.

A palavra *poesia*, no entanto, envolve algo muito peculiar em sua natureza, algo que pode existir tanto no que se chama *prosa* quanto no *verso*, algo que sequer exige o instrumento das palavras, podendo também falar por meio daqueles outros símbolos audíveis chamados *sons musicais*, e mesmo pelos símbolos visíveis, que são a linguagem da escultura, da pintura e da arquitetura. Tudo isso, segundo acreditamos, é e deve ser percebido, embora talvez vagamente, por todos aqueles nos quais a poesia, sob qualquer de suas formas, produz alguma impressão além do deleite auditivo. Para a mente, a poesia tanto pode não ser nada como pode ser o que há de melhor em todas

---

[1] Texto inicialmente publicado no periódico *Monthly Repository*, em 1833. Mais tarde, foi revisado e combinado com outro ensaio – "The Two Kinds of Poetry" –, para inclusão no volume *Dissertations and Discussions* (1859), sob o título "Thoughts on Poetry and its Varieties". O texto utilizado para a tradução é o de 1833.

as artes e também na vida real; e a distinção entre poesia e o que não é poesia, explicada ou não, é percebida como fundamental.

Onde todos percebem uma diferença, uma diferença aí há de existir. Qualquer outra aparência pode ser falaciosa, mas a aparência de uma diferença é ela própria uma diferença real. Também as aparências, como outras coisas, têm de ter uma causa, e aquilo que pode causar algo, mesmo uma ilusão, tem de ser uma realidade. Daí que, enquanto certa meia-filosofia desdenha das classificações e distinções indicadas pela linguagem popular, a filosofia conduzida a seu ponto mais elevado pode tecer novas classificações, mas nunca põe de lado as antigas, satisfeita com regularizá-las e corrigi-las. Ela abre novos canais ao pensamento, mas não os enche como se os encontrasse já prontos, delineando, ao contrário, profunda, ampla e nitidamente, aqueles nos quais a corrente tem fluído espontaneamente.

Vamos assim tentar, sob a forma de modesta investigação, não coagir e confinar a natureza nos limites de uma definição arbitrária, mas, antes, achar as fronteiras que ela própria estabeleceu e erigir uma barreira ao seu redor, sem cobrar dos homens explicações por haverem empregado mal a palavra *poesia*, porém tentando esclarecer-lhes a concepção que já vinculam a ela, expondo às suas mentes, como princípio claro, aquilo que, como vago sentimento, realmente os tem guiado no emprego efetivo do termo.

O objetivo da poesia é confessadamente agir sobre as emoções; e nisto a poesia se distingue suficientemente do que Wordsworth afirma ser seu oposto lógico, a saber, não a prosa, mas a realidade factual ou a ciência. Uma dirige-se à crença, a outra, aos sentimentos. Uma opera convencendo ou persuadindo, a outra, comovendo. Uma atua apresentando proposições ao entendimento, a outra, oferecendo às sensibilidades sedutores objetos de contemplação.

Isso, entretanto, deixa-nos muito longe de uma definição de poesia. Distinguimo-la de uma só coisa, mas obrigamo-nos a distingui-la de todas. Apresentar pensamentos ou imagens à mente com o propósito de atuar sobre as emoções não é pertinente apenas à poesia.

É igualmente competência, por exemplo, do romancista, e, no entanto, a faculdade do poeta e a do romancista são tão distintas quanto quaisquer outras duas faculdades, como a faculdade do romancista e a do orador, ou a do poeta e a do metafísico. Os dois caracteres podem estar unidos, como o podem caracteres os mais díspares, mas não têm conexão natural.

Muitos dos mais belos poemas são em forma de romances, e em quase todos os bons romances há verdadeira poesia. Mas existe radical distinção entre o interesse por um romance e o interesse provocado pela poesia, pois um deriva do incidente, o outro, da representação do sentimento. Neste, a fonte da emoção provocada é a manifestação de um estado ou de estados de sensibilidade humana; naquele, a manifestação de uma série de estados de meras circunstâncias exteriores. Ora, todas as mentes são suscetíveis de se deixarem afetar mais ou menos por representações desta espécie, e todas, ou quase todas, por representações da outra; as duas fontes de interesse correspondem, não obstante, [respectivamente] a duas características mentais distintas, além de, nos seus desenvolvimentos extremos, mutuamente exclusivas. Tão dissimilar é a natureza da poesia em relação à da narrativa ficcional que nutrir paixão realmente forte por qualquer das duas parece pressupor ou induzir correlativa indiferença para com a outra.

Em que idade é mais intensa a paixão por uma história, por quase qualquer tipo de história, meramente como história? Na infância. Mas esta também é a idade em que a poesia, mesmo da descrição mais simples, é menos saboreada e menos compreendida, porque os sentimentos em que é especialmente versada estão ainda por desenvolver-se, e, não tendo sido experimentados sequer no grau mais ligeiro, não podem ser objetos de empatia. Por outro lado, em que estágio do progresso da sociedade é o contar histórias mais valorizado, e o contador de histórias mais requisitado e reverenciado? No estado rude, como o dos tártaros ou dos árabes atualmente, e o de quase todas as nações nas idades mais primitivas. Mas, nesse estado da sociedade, há pouca poesia, à exceção de baladas, que são principalmente narrativas, ou seja, essencialmente histórias, e fazem derivar dos incidentes seu principal interesse. Consideradas como poesia, são da espécie mais baixa e mais elementar: os sentimentos pintados – ou antes, indicados – são os mais simples que tem a nossa natureza, aquelas alegrias e tristezas que a pressão imediata de algum evento exterior provoca nas mentes rudes, que vivem completamente imersas em coisas externas, e nunca – seja por escolha, seja por força à qual não puderam resistir – se voltaram à contemplação do mundo interno. Passando agora da infância, e da infância da sociedade, aos homens e mulheres adultos desta época, de todas a mais adulta e nada infantil – as mentes e os corações de maior profundidade e elevação normalmente são aqueles que mais se deleitam com a poesia; os mais frívolos e vazios, ao contrário, são, por observação universal, os mais afeitos à leitura de romances. Isso está de acordo, também, com toda experiência análoga da natureza humana. O tipo de pessoas que, não meramente nos livros, mas nas suas vidas, encontramos perpetuamente engajadas na caça de excitação vinda de fora são invariavelmente aquelas que não possuem, nem no vigor de seus poderes intelectuais, nem na profundidade de suas sensibilidades, aquilo que as capacitaria a encontrar vasta excitação mais perto, na própria casa. As mesmas pessoas cujo tempo se divide entre excursões, bisbilhotices e dissipações da moda deleitam-se naturalmente com narrativas ficcionais; a excitação que elas fornecem é da espécie que vem de fora. Essas pessoas raramente são amantes de poesia, embora possam assim se imaginar, porque saboreiam romances em verso. Mas a poesia, que é o delinear das mais profundas e mais secretas obras do coração humano, interessa somente àqueles a quem ela recorda o que sentiram, ou cuja imaginação é por ela movida a conceber o que poderiam sentir, ou o que poderiam ter sido capazes de sentir, fossem diferentes suas circunstâncias exteriores.

A poesia, quando realmente poesia, é verdade; e também a ficção, se for de alguma serventia, é verdade; mas são verdades diferentes.

A verdade da poesia consiste em pintar verdadeiramente a alma humana; a verdade da ficção, em dar um quadro verdadeiro da vida. As duas espécies de conhecimento são diferentes [entre si] e vêm por caminhos diferentes, dirigindo-se quase sempre a pessoas diferentes. Grandes poetas são, muitas vezes, proverbialmente ignorantes da vida. O que sabem veio da observação de si próprios; lá, encontram uma espécie de natureza humana altamente delicada, sensível e refinada, na qual as leis da emoção humana acham-se escritas em amplos caracteres, de modo que podem ser lidos sem muito estudo; e outro conhecimento da humanidade, como o que vem aos homens do mundo por via da experiência exterior, não lhes é indispensável como poetas. Para o romancista, porém, tal conhecimento é tudo; ele tem de descrever coisas exteriores, não o homem interior; ações e eventos, não sentimentos; e não lhe bastará ser incluído entre os que, conforme Madame Roland[2] disse a propósito de Brissot,[3] conhecem o homem, mas não os homens.

Nada disso é barreira para a possibilidade de combinação de ambos os elementos – poesia e narrativa ou incidente – na mesma obra, e para chamar qualquer das duas *romance* ou *poema*; mas assim podem o vermelho e o branco combinar-se nas mesmas feições humanas, ou na mesma tela; e assim podem o azeite e o vinagre, não obstante as naturezas opostas, misturar-se no mesmo sabor composto. Há [, porém,] uma ordem de composição que exige a união de poesia e incidente, cada um em sua mais elevada modalidade: a composição dramática. Mesmo aí [, no entanto,] os dois elementos são perfeitamente distinguíveis, e podem ser de qualidade desigual e existir nas mais variadas proporções. Os incidentes de um poema dramático podem ser escassos e inefetivos, embora o delinear da paixão e do personagem possa ser da mais elevada ordem, como no glorioso *Torquato Tasso*,[4] de Goethe; ou ainda a história como mera

---

[2] Marie-Jeanne Roland de la Platière (1754-1793), ativista da Revolução Francesa.
[3] Jacques-Pierre Brissot (1754-1793), um dos políticos destacados da Revolução Francesa.
[4] Drama de 1780.

história pode ser bem organizada para [produzir] efeito, como no caso das mais desprezíveis produções da Editora Minerva;[5] pode até mesmo ser – o que não é o caso destas – uma série coerente e provável de eventos, ainda que quase sem manifestações de sentimento que não sejam falsas ou consumados lugares-comuns. A combinação das duas excelências é o que torna Shakespeare tão geralizadamente aceito, cada espécie de leitor achando nele o que é conforme às suas próprias faculdades. Para a maioria, ele é grande como contador de histórias; para poucos, como poeta.

Limitando a poesia ao delinear de estados de sentimento, e negando tal nome ao que não delineia senão objetos exteriores, pode-se pensar que fizemos o que prometemos evitar: ter não achado, mas fabricado uma definição, em oposição aos usos da língua inglesa, uma vez que se acha estabelecido por consenso que existe uma poesia chamada *descritiva*. Recusamos a acusação. Descrição não é poesia porque existe poesia descritiva, tanto quanto ciência não é poesia por haver poema didático; tampouco – poderíamos quase dizer – o grego ou o latim são poesia por existirem poemas gregos e latinos. Mas um objeto que admite ser descrito ou uma verdade que pode ter lugar em um tratado científico podem também oferecer ocasião para a geração de poesia, que a partir daí escolheríamos chamar *descritiva* ou *didática*. A poesia não está no objeto em si, nem na verdade científica em si, mas no estado mental em que um e outra podem ser contemplados. O mero delinear das dimensões e cores de objetos externos não é poesia, tanto quanto uma planta da Abadia de St. Peter ou de Westminster não é pintura. A poesia descritiva consiste, sem dúvida, em descrição, mas na descrição das coisas como aparecem, não como são; e ela as pinta não em seus traços simples e naturais, mas nas cores da imaginação acionada pelos sentimentos e vistas através desse meio. Se um poeta deve descrever um leão, não

---

[5] The Minerva Press era uma prolífica editora londrina do tempo do autor, especializada em romances góticos, históricos e de terror.

se aplicará em descrevê-lo como o faria um naturalista, nem mesmo como um viajante cuja intenção fosse afirmar a verdade, toda a verdade e nada além da verdade. Ele o descreverá por imagens, isto é, sugerindo as analogias e os contrastes mais marcantes que poderiam ocorrer a uma mente que contemplasse o leão, no estado de pavor, espanto ou terror que o espetáculo naturalmente suscita, ou que, na ocasião, deve suscitar. Ora, isso é manifestamente descrever o leão, mas, no fundo, é descrever o estado de excitação do espectador. O leão pode ser descrito de modo falso ou em cores exageradas, e a poesia ser da melhor qualidade; mas, se a emoção humana não for pintada com a verdade mais escrupulosa, trata-se de má poesia, ou melhor, não se trata em absoluto de poesia, mas de um fracasso.

Até aqui, nosso progresso em direção a uma clara visão dos traços essenciais da poesia trouxe-nos para muito perto das duas últimas tentativas de definição que aconteceu de vermos publicadas, ambas feitas por poetas e homens de gênio. Uma é de Ebenezer Elliott,[6] o autor de *Corn Law Rhymes* e outros poemas de mérito ainda maior. "A poesia" – diz ele – "é a verdade apaixonada". A outra é de um escritor publicado no *Blackwood's Magazine*, e chega – pensamos – ainda mais perto da meta. Esquecemos suas palavras exatas, mas, em essência, ele definiu a poesia como "os pensamentos do homem matizados por seus sentimentos". Há em ambas as definições muita proximidade com o que estamos buscando. Toda verdade que o homem pode anunciar, todo pensamento, mesmo qualquer impressão exterior, que possam penetrar em sua consciência, podem tornar-se poesia quando exibidos através de um meio apaixonado, quando revestidos com o colorido da alegria, da dor, da piedade, da afeição, da admiração, da reverência, do temor, ou mesmo do ódio ou do terror; e, se não assim coloridos, por mais interessantes que possam ser, nada disso é poesia. Mas ambas as definições falham na discriminação entre poesia e eloquência. A eloquência, tanto

---

[6] Poeta inglês (1781-1849).

quanto a poesia, é verdade apaixonada; a eloquência, tanto quanto a poesia, é pensamento colorido pelos sentimentos. Todavia, a percepção comum, do mesmo modo que a crítica filosófica, reconhece uma distinção entre as duas: existe muito do que todos chamariam *eloquência* que ninguém pensaria em classificar de poesia. De vez em quando, surgirá uma questão: se algum autor específico é poeta. E os que insistem na negativa normalmente admitem que, embora não um poeta, ele é um escritor altamente eloquente.

A distinção entre poesia e eloquência parece-nos tão fundamental quanto a distinção entre poesia e narrativa, ou entre poesia e descrição. Ela está ainda mais longe de ter sido satisfatoriamente esclarecida do que qualquer das outras, a menos que – e isso é altamente provável – os artistas e críticos alemães lhe tenham lançado alguma luz que ainda não nos tenha alcançado. Sem conhecimento perfeito do que têm escrito, constitui algo próximo à presunção tratar de tais temas, e devemos ser os primeiros a insistir em que qualquer coisa que estejamos prestes a propor seja aceita por eles e submetida à sua correção.[7]

Poesia e eloquência guardam semelhança com expressão ou articulação do sentimento. Mas, se nos desculparem pela aparente afetação da antítese, deveríamos dizer que a eloquência *requer atenção* do ouvinte, e a poesia *alcança* o ouvinte *como que por acaso*. A eloquência pressupõe um auditório; a peculiaridade da poesia parece-nos consistir no total alheamento do poeta em relação a um ouvinte. A poesia é sentimento confessando-se de si para si, em momentos de solidão, e corporificando-se em símbolos que são as representações o mais possível próximas do sentimento, na forma exata em que ele existe na mente do poeta. A eloquência é sentimento derramando-se em outras mentes, cortejando-lhes a simpatia, ou empenhando-se para influenciar-lhes a crença ou movê-los à paixão ou à ação.

---

[7] Evidente ironia do autor, pois, na sua condição de líder da corrente filosófica tipicamente britânica dita *utilitarismo*, nada mais distante de suas concepções, assinaladas por espírito prático e positivo, do que as especulações "metafísicas" da filosofia alemã.

Toda a poesia é da natureza do solilóquio. Pode-se dizer que a poesia, que é impressa em papel e vendida em livrarias, constitui solilóquio em trajes completos e sobre o palco. Mas não existe nada de absurdo na ideia de tal modalidade de solilóquio. O que dissemos a nós mesmos podemos dizer aos outros em seguida; o que dissemos ou fizemos na solidão podemos voluntariamente reproduzir quando sabemos que outros olhos estão postos em nós. Mas nenhum traço da consciência disso deve estar visível na própria obra. O ator sabe que há uma audiência presente; contudo, se representar como se soubesse, representa mal. Um poeta pode escrever poesia com a intenção de publicá-la; pode até mesmo escrevê-la com o propósito expresso de ser remunerado. Que isso deva ser poesia, sendo escrito sob quaisquer dessas influências, é muito pouco provável, embora não impossível; mas não é possível senão pela capacidade do poeta de excluir de sua obra qualquer vestígio de tais atenções ao mundo externo e cotidiano, e de exprimir seus sentimentos exatamente como os experimentou na solidão, ou como sente que deveria senti-los, ainda que tivessem de permanecer para sempre inarticulados. Mas, quando ele se volta e se dirige a outra pessoa, quando o ato da articulação não é em si mesmo o fim, mas meio para um fim – ou seja, quando, por meio dos sentimentos, ele próprio se expressa para trabalhar sobre os sentimentos, a crença ou a vontade de outrem –, quando a expressão de suas emoções, ou de seus pensamentos matizados por suas emoções, é também matizada pelo propósito, pelo desejo de impressionar outra mente, então ela cessa de ser poesia, tornando-se eloquência.

De acordo com isso, a poesia é fruto natural de solidão e meditação; a eloquência, de intercurso com o mundo. As pessoas que têm mais sentimento próprio, caso a cultura intelectual lhes tenha dado uma linguagem pela qual expressá-lo, têm a faculdade mais alta da poesia; aqueles que melhor entendem os sentimentos alheios são os mais eloquentes. As pessoas – e as nações – que comumente se destacam em poesia são aquelas cujo caráter e cujos gostos as tornam menos dependentes do aplauso, da simpatia ou do concurso do mundo em geral para sua felicidade. Aqueles para os quais o aplauso, a simpatia, o concurso do mundo são mais necessários geralmente destacam-se mais na eloquência. Por isso, talvez, a nação francesa, que é a menos poética das nações grandes e refinadas, está entre as mais eloquentes, sendo também a mais sociável, a mais vaidosa e a menos autodependente.

Se o que se disse acima for, como acreditamos, a verdadeira teoria da distinção comumente admitida entre eloquência e poesia, ou, ainda que não, se for, no entanto, uma distinção de boa-fé, como não podemos duvidar, será considerada sustentável não meramente em relação à linguagem das palavras, mas em relação a qualquer outra, e incidirá sobre todo o domínio da arte.

Tome-se, por exemplo, a música: encontramos nessa arte, tão peculiarmente expressão da paixão, dois estilos perfeitamente distintos, um dos quais se pode chamar a *poesia da música*, e o outro, sua *oratória*. Sendo apreendida essa diferença, ela poria fim a muito sectarismo musical. Tem havido muita controvérsia sobre se o caráter da música de Rossini[8] – da música, queremos dizer, que é característica deste compositor – é compatível com a expressão da paixão. Sem dúvida, a paixão que ela expressa não é a suavidade contemplativa e meditativa, ou o *pathos*, ou a mágoa de Mozart, o grande poeta de sua arte. Não obstante, é paixão, mas paixão loquaz, a paixão que se derrama por outros ouvidos, portanto a mais bem calculada para efeito dramático, adaptando-se naturalmente ao diálogo. Mozart também é grande em oratória musical, mas suas composições mais tocantes são no estilo oposto, o do solilóquio. Quem pode imaginar "Dove Sono"[9] ouvida *intencionalmente*? Imaginamo-la ouvida *por casualidade*. Semelhante é o caso das mais belas canções nacionais. Quem pode ouvir estas palavras que falam, de modo tão tocante, das tristezas de um montanhês no exílio?

---

[8] Gioachino Antonio Rossini (1792-1868), compositor italiano.
[9] Ária da ópera *As Bodas de Fígaro* (1786), de Wolfgang Amadeus Mozart (1756-1791).

Meu coração está nas Terras Altas, não aqui;
Meu coração está nas Terras Altas, caçando o gamo,
Caçando o gamo selvagem, seguindo o cabrito montês;
Aonde quer que eu vá, meu coração está nas Terras Altas.

Quem pode ouvir essas comoventes palavras, casadas com uma canção não menos comovente, e imaginar que enxerga o cantor? Essa canção sempre nos pareceu o lamento de um prisioneiro numa cela solitária, nós próprios o ouvindo, invisíveis, na cela vizinha. Como o oposto direto disso, tomemos "Scots, Wha Hae Wi' Wallace Bled",[10] em que a música é tão oratória quanto a poesia.

A música puramente patética participa comumente do solilóquio. A alma se absorve em sua dor, e, embora possa haver espectadores, ela não está pensando neles. Quando a mente está olhando para dentro, e não para fora, seu estado não varia com frequência ou rapidez; daí a fluência serena, ininterrupta, aproximando-se quase da monotonia, que um bom leitor, ou um bom cantor, imprimirá às palavras ou à música de feição pensativa ou melancólica. Mas a tristeza, tomando forma de prece, ou de lamento, se torna oratória; não mais humilde, serena e suavizada, assume ritmo mais enfático, acento de retorno mais veloz; em vez de poucas notas lentas, iguais, seguindo-se umas às outras em intervalos regulares, acumula nota sobre nota, e, muitas vezes, assume certa pressa e alegria alvoroçada. Os que têm familiaridade com algumas das melhores composições sérias de Rossini, como a ária "Tu Che i Miseri Conforti", da ópera *Tancredi*, ou o dueto "Ebben, per Mia Memoria", de *La Gazza Ladra*, imediatamente entenderão e perceberão nossa ideia. Ambas são altamente trágicas e passionais; a paixão de ambas é a da oratória, não a da poesia. Quase o mesmo se pode dizer da prece mais comovente do *Fidelio*[11], de Beethoven – "Komm, Hoffnung, laß das letzte Stern /

---

[10] Canção patriótica escocesa, com letra de Robert Burns (1759-1796), poeta nacional da Escócia.
[11] Ópera apresentada pela primeira vez no ano de 1805, em Viena.

Der Müde nicht erbleichen"[12] –, na qual Madame Devrient,[13] no último verão, exibiu consumados poderes de expressão patética. Que diferença do belo "Paga Pii", de Winter,[14] a própria alma da melancolia exalando-se na solidão, mais repleta de significado e, portanto, mais profundamente poética do que as palavras para as quais foi composta, pois parece exprimir não simples melancolia, mas a melancolia do remorso.

Se, da música vocal, passarmos agora à instrumental, podemos ter um exemplar de oratória musical em qualquer bela sinfonia militar ou marcha, enquanto a poesia da música parece ter atingido sua consumação na *overture* para *Egmont*, de Beethoven. Perguntamo-nos se expressão tão profunda de mescladas grandeza e melancolia terá sido jamais produzida por meio de meros sons em qualquer outro caso.

Nas artes que falam para os olhos, serão consideradas sustentáveis as mesmas distinções, não apenas entre poesia e oratória, mas também entre poesia, oratória, narrativa e simples imitação ou descrição.

A pura descrição exemplifica-se num mero retrato ou numa simples paisagem, produções da arte, é verdade, porém das artes mecânicas, mais do que das belas-artes, sendo obras de simples imitação, não de criação. Dizemos um mero retrato ou uma simples paisagem porque é possível, para um retrato e para uma paisagem, sem deixar de ser tais, serem também pintura. Um retrato de Lawrence[15] ou uma das vistas de Turner[16] não são meras cópias da natureza. O primeiro combina, com os traços dados, a expressão particular – dentre todas as boas e agradáveis – que aqueles traços são mais capazes de

---

[12] Em alemão no original. Em português: "Vem, esperança, não deixes apagar-se a derradeira estrela dos fatigados."
[13] Wilhelmine Schröder-Devrient (1804-1860), cantora lírica alemã.
[14] Peter Winter (1754-1824), compositor de ópera alemão.
[15] Thomas Lawrence (1769-1830), pintor inglês.
[16] Joseph Mallord William Turner (1775-1851), pintor inglês.

apresentar, e assim, combinando-os, é capaz de produzir a maior beleza efetiva. Turner, por sua vez, unindo os objetos da paisagem dada a certo céu, luz e sombra, habilita aqueles objetos particulares a impressionar a imaginação mais fortemente. Em ambos, existe arte criativa, [isto é, arte] que não trabalha segundo um modelo real, mas realiza uma ideia.

Tudo que na pintura ou na escultura expressa o sentimento humano, ou o caráter humano – que é apenas certo estado de sentimento tornado habitual –, pode ser chamado, de acordo com as circunstâncias, a *poesia* ou a *eloquência* da arte do pintor ou do escultor: poesia, se o sentimento se declara por sinais que nos escapam quando inconscientes de estarmos sendo vistos; oratória, se os sinais são os que usamos com o propósito de comunicação voluntária.

A poesia da pintura parece ter sido levada à sua maior perfeição em *Moça Camponesa*, de Rembrandt, ou em qualquer *Madona* ou *Madalena*, de Guido;[17] a da escultura, em quase todas as estátuas gregas dos deuses. Não considerando estas em relação à mera beleza física, de que são modelos perfeitos, nem procurando defender ou contestar a opinião de filósofos, segundo a qual mesmo a beleza física em última instância se resolve em expressão, podemos afirmar com segurança que em nenhuma outra das obras do homem jamais realmente brilhou tanto da alma através da matéria inanimada.

O estilo narrativo corresponde ao que se chama *pintura histórica*, que é moda entre os *connaisseurs* tratar como o clímax da arte pictórica. Esse é o mais difícil ramo da arte – não duvidamos –, porque, em sua perfeição, abarca, de certa maneira, a perfeição de todos os outros ramos, do mesmo modo que um poema épico – embora, como épico (isto é, narrativo), não seja de modo algum poesia – é considerado o maior esforço do gênio poético, porque não há tipo de poesia que não possa apropriadamente encontrar nele um lugar. Mas uma pintura histórica, como tal, ou seja, como representação de

[17] Guido Reni (1575-1642), pintor italiano.

um incidente, deve necessariamente – como nos parece – ser pobre e inefetiva. Os poderes narrativos da pintura são extremamente limitados. Raramente uma pintura – raramente até mesmo uma série de pinturas – de que tenhamos conhecimento conta sua própria história sem o auxílio de um intérprete; deve-se conhecer a história previamente, para, de fato, ver grande beleza e adequação no quadro. No entanto, as figuras singulares é que são, para nós, o grande encanto mesmo da pintura histórica. É nelas que o poder da arte é realmente visto; na tentativa de narrar, signos visíveis e permanentes são muito inferiores aos fugazes signos audíveis, que se seguem ligeiros um após outro, enquanto as faces e figuras num quadro narrativo, mesmo que sejam de um Ticiano, quedam-se imóveis. Quem não prefere um *A Virgem com o Menino*, de Rafael, a todos os quadros que, com suas Vênus holandesas gordas e desarrumadas, Rubens[18] pintou? Rubens, no entanto, além de exceder a quase todos no domínio dos aspectos mecânicos de sua arte, frequentemente demonstra real gênio em agrupar suas figuras, o problema peculiar da pintura histórica. Mas quem, então, exceto um simples estudante da técnica de desenhar e colorir, já teve o cuidado de olhar duas vezes para quaisquer dessas figuras em si mesmas? O poder da pintura se funda na poesia, da qual Rubens não tinha a mais leve tintura, e não na narrativa, em que pode ser que ele se tenha destacado.

As figuras singulares, porém, num quadro histórico, são mais a eloquência da pintura do que sua poesia; elas, principalmente – a menos que estejam muito deslocadas no quadro –, expressam os sentimentos de uma pessoa como modificados pela presença de outras. De acordo com isso, as mentes cuja inclinação as leva mais para a eloquência do que para a poesia correm para a pintura histórica. Os pintores franceses, por exemplo, raramente ensaiam – porque com isso nada poderiam fazer – cabeças singulares, como aquelas gloriosas dos mestres italianos, com as quais poderiam fartar-se, dia após

---

[18] Peter Paul Rubens (1577-1640), pintor flamengo.

dia, em seu próprio Louvre.[19] Elas todas têm de ser históricas, e são, quase sem exceção, poses afetadas. Se quiséssemos dar a um jovem artista a mais impressiva advertência que nossas imaginações pudessem conceber contra essa espécie de vício no pictórico, correspondente à grandiloquência na arte histriônica, nós o aconselharíamos a subir e descer a galeria do Luxemburgo,[20] mesmo agora, quando David,[21] o grande corruptor do gosto, passou desta para a melhor, e do Luxemburgo, em seguida, para a esfera mais elevada do Louvre. Toda figura na pintura ou estatuária francesas parece estar-se exibindo aos espectadores; encontram-se no pior estilo de eloquência corrupta, mas absolutamente em nenhum estilo de poesia. As melhores são rígidas e sem naturalidade; as piores lembram figuras de pacientes cataléptics. Os artistas franceses se imaginam imitadores dos clássicos, embora pareçam não ter compreensão e sentimento daquela serenidade que foi o caráter peculiar e dominante na arte grega, até que começou a declinar: uma serenidade dez vezes mais indicativa de força do que todo o seu exagero e sua contorsão, pois a força, como diz Thomas Carlyle,[22] não se manifesta por espasmos.

Há algumas produções da arte que, em princípio, parece difícil enquadrar em quaisquer das classes ilustradas anteriormente. O objetivo direto da arte como tal é a produção do belo; e como há outras coisas belas além dos estados mentais, há muito da arte que pode parecer nada ter a ver nem com a poesia, nem com a eloquência conforme as definimos. Tome-se como exemplo uma composição de Claude[23] ou Salvatore Rosa.[24] Existe ali criação de beleza nova, pelo agrupamento de cenário natural, de fato conforme as leis da natureza exterior, mas não segundo qualquer modelo real, tendo

---

[19] O Museu do Louvre, em Paris.
[20] O Museu de Luxemburgo, em Paris.
[21] Jacques-Louis David (1748-1825), pintor francês, figura máxima da pintura neoclássica europeia.
[22] Thomas Carlyle (1795-1881), escritor, historiador, ensaísta e professor escocês.
[23] Claude Lorrain (1600-1682), pintor francês.
[24] Pintor e poeta italiano (1615-1673).

como resultado uma beleza mais perfeita e acabada do que talvez se deva encontrar numa paisagem real. Não obstante, existe uma característica de poesia mesmo nestas, sem as quais não poderiam ser tão belas. A unidade, totalidade e congruência estética do quadro ainda se fundam na expressão da singularidade, mas trata-se de *expressão* num sentido diferente daquele em que até aqui empregamos o termo. Dos objetos numa paisagem imaginária não se pode dizer, como das palavras num poema ou das notas numa melodia, que são a real articulação de um sentimento, mas tem de existir algum sentimento com que se harmonizem, e que eles tendam a despertar na mente do espectador. Devem eles inspirar um sentimento de grandeza, amabilidade, júbilo, ímpeto selvagem, melancolia, terror. O pintor deve cercar seus principais objetos com imagens tais como espontaneamente surgiriam em uma mente altamente imaginosa, ao contemplá-los sob a impressão dos sentimentos que pretendem inspirar. Isto, se não for poesia, encontra-se tão próximo que dificilmente exigiria dela ser distinguido.

Nesta acepção, podemos falar da poesia da arquitetura. Toda arquitetura, para ser impressiva, tem de ser a expressão ou o símbolo de alguma ideia sedutora, algum pensamento que tenha poder sobre as emoções. A razão pela qual a arquitetura moderna é tão medíocre acha-se simplesmente no fato de que ela não constitui a expressão de qualquer ideia; é um mero papaguear da linguagem arquitetônica dos gregos, ou dos nossos ancestrais teutônicos, sem qualquer ideia de um significado.

Para nos confinarmos, por ora, aos edifícios religiosos: estes participam da poesia, na proporção em que expressam os sentimentos de devoção ou com eles se harmonizam, mas esses sentimentos são diferentes de acordo com a concepção nutrida acerca dos seres por cuja suposta natureza são eles produzidos. Para a concepção grega, esses seres eram encarnações da maior beleza física concebível, combinada com o poder sobrenatural. Os templos gregos expressam isso, sendo a força graciosa seu caráter predominante; em outras palavras, solidez, que é poder, e leveza, que é também poder, alcançando com parcimônia de meios o que parecia requerer profusão; resumindo tudo em uma palavra: *majestade*. Para a concepção católica, por sua vez, a deidade era algo muito menos claro e definido; um ser de poder ainda mais irresistível do que o das divindades pagãs, em boa medida para amar-se e mais ainda para temer-se, e envolto no vago, no mistério, no incompreensível. Certa solenidade, um sentimento de dúvida e esperança trêmula – como o do homem perdido numa floresta sem fim, que pensa conhecer o caminho, mas não tem certeza – misturam-se em todas as genuínas expressões da devoção católica. Essa é eminentemente a expressão da pura catedral gótica, igualmente notável na fusão de majestade e melancolia das abóbadas e alas soberbas, bem como na "sombria luz religiosa" que se insinua pelos vitrais.

Não existe distinção genérica entre as imagens que constituem a expressão de sentimento e as imagens que se percebem como harmonizáveis com os sentimentos. Elas são idênticas. As imagens em que o sentimento se articula desde dentro são também aquelas que deleitam ao apresentá-lo desde fora. Toda arte, portanto, na proporção em que produz seus efeitos mediante apelo às emoções, participa da poesia, a menos que participe da oratória ou da narrativa. E a distinção que essas três palavras indicam perpassa todo o campo das belas-artes.

Essas indicações não têm pretensão ao *status* de teoria. São apenas lançadas para a consideração dos pensadores, na esperança de que, se não contiverem a verdade, possam de algum modo contribuir para sugeri-la. Nem teriam sido elas, cruas como estão, consideradas dignas de publicação, senão num país em que a filosofia da arte é tão completamente negligenciada que nenhuma contribuição capaz de servir para situar uma inteligência perquiridora nesse tipo de investigação, ainda que em si mesma imperfeita, pode fracassar inteiramente quanto à utilidade.

NOTAS BIOGRÁFICAS SOBRE OS AUTORES

WILLIAM WORDSWORTH (Cockermouth, 1770 – Ambleside, 1850), filho de um advogado, aprendeu a ler com sua mãe e cursou primeiras letras em escolas provincianas dos condados de Cumberland e Cumbria, no Noroeste da Inglaterra. No St. John's College, da Universidade de Cambridge, obteve o grau de bacharel, passando as férias em andanças pelo campo, em busca de lugares famosos por suas paisagens, tendo inclusive feito o chamado *grand tour* pelos Alpes, por regiões em que confinam França, Suíça e Itália, viagem de recreação cultural e de feição um tanto ritualística então popular entre jovens britânicos abastados. Com o alto prestígio literário que conquistou graças à sua produção poética, iniciada nos tempos de estudante em Cambridge, obteve o título de doutor *honoris causa* em Direito Civil de duas universidades – Durham e Oxford –, e, por fim, a consagração pública, mediante o título de *poet laureate* outorgado pelo governo britânico. O volume de poemas que escreveu em parceria com Samuel Taylor Coleridge – *Lyrical Ballads* (1798) – e o prefácio que elaborou para a segunda edição da obra, dada a público em 1800, exerceram forte influência, propondo uma nova ideia de poesia, infensa às convenções neoclássicas, assim contribuindo decisivamente para a consolidação do romantismo na Inglaterra.

WILLIAM HAZLITT (Maidstone, 1778 – Londres, 1830), como era comum no seu tempo, depois de uma educação iniciada no lar –

seu pai era um reverendo de formação universitária –, frequentou uma escola de primeiras letras próxima de sua casa, sendo posteriormente matriculado num seminário de Londres, o New College at Hackney, cujo currículo, centrado nas disciplinas usuais de então – letras clássicas, história, ciências, religião –, nem por isso excluía questões contemporâneas, de natureza social e política. Deixando o seminário sem concluir os preparatórios para seguir a carreira do pai, passou a dedicar-se ao estudo sistemático de filósofos, tanto britânicos como franceses, ao mesmo tempo que ia elaborando sua própria filosofia, escrevendo um tratado que publicaria em 1805 (*An Essay on the Principles of Human Action*). Revelou também inclinação pela pintura, mas, nunca perdendo o gosto pela reflexão filosófica, reorientou seus interesses para a literatura. Sem estudos acadêmicos regulares, assumiu posições políticas progressistas e avançadas, mantendo-se refratário a qualquer concessão conservadora. Militou no jornalismo e escreveu, além de crítica literária e de arte, tratados políticos e filosóficos.

PERCY BYSSHE SHELLEY (Broadbridge Heath, 1792 – Lerici, 1822) nasceu numa família da pequena nobreza do campo e, como era costume, aprendeu as primeiras letras na própria casa, sob a orientação de um reverendo. Mais tarde, estudou na Syon House, em Brentford (região de Londres), e no Eton College, iniciando seus estudos superiores no University College, da Universidade de Oxford. Sua vida se notabilizou por atitudes radicalmente desassombradas e libertárias, tanto na esfera pessoal e íntima como no que concerne às ideias sociais e políticas, a ponto de seus colegas de escola chamarem-no de "Mad Shelley" e de vir a ser expulso da Universidade de Oxford por ter escrito, em coautoria com um amigo, um panfleto provocativo intitulado "The Necessity of Atheism" (1811). Entre suas obras em prosa, destaca-se especialmente o ensaio "Defesa da Poesia", réplica altiva e solene ao tratamento depreciativo dispensado à arte poética por Thomas Love Peacock (1785-1866), no seu "The Four Ages of Poetry" (1820).

JOHN STUART MILL (Londres, 1806 - Avignon, 1873) teve uma severa formação no utilitarismo filosófico de Jeremy Bentham, conduzida pelo pai, que pretendia transformá-lo em líder intelectual daquela escola filosófica na geração subsequente à do seu fundador. Fez assim, desde muito cedo, estudos intensivos de grego, latim, matemática, história, economia política, lógica, cálculo e ciências experimentais. A certa altura, no entanto, a secura e a estreiteza do sistema em que fora doutrinado, segundo ele mesmo narra na *Autobiografia* (1873), o teriam conduzido a uma crise espiritual, de que sairia em parte graças à leitura dos poetas líricos, especialmente os românticos ingleses. Concluiu então – e isso marcaria sua vida daí por diante – que era preciso saber conciliar o empenho pelas reformas sociais com a cultura dos sentimentos, o que possibilitou que, ocasionalmente, escrevesse sobre poesia e literatura, em meio a suas preocupações reflexivas principais, dominadas por lógica, psicologia, ética, filosofia da ciência, economia e temas político-sociais. Fez carreira no serviço público britânico, obteve por eleição um mandato no Parlamento e, embora nunca tenha sido professor universitário – sequer tenha cursado uma universidade –, foi consagrado com o título de reitor honorário da Universidade de St. Andrews.

BIBLIOGRAFIA

EDIÇÕES-FONTE DAS TRADUÇÕES

HAZLITT, William. *Lectures on the English Poets*. London: Humphrey Milford/Oxford University Press, 1924. p. 1-29.

MILL, John Stuart. What Is Poetry? In: HAZARD, Adams (ed.). *Critical Theory since Plato*. San Diego, CA: Harcourt Brace Jovanovich, 1971. p. 537-43.

SHELLEY, Percy Bysshe. A Defense of Poetry. In: _____. *Essays, Letters from Abroad, Translations and Fragments*. Mrs. SHELLEY (ed.). London: Edward Moxon, 1840. vol. 1, p. 1-57.

WORDSWORTH, William. Preface to the second edition of several of the foregoing poems, published, with an additional volume, under the title of "Lyrical Ballads". In: *The Poetical Works of Wordsworth*. With an introduction and notes. Thomas Hutchinson (ed.). Ernest de Selincourt (rev.). London: Oxford University Press, 1942a[1904]. p. 934-42.

_____. Appendix. In: _____. London: Oxford University Press, 1942b [1904]. p. 942-44.

OUTRAS TRADUÇÕES EM PORTUGUÊS

HAZLITT, William. Sobre a Poesia em Geral. In: *Teorias Poéticas do Romantismo*. Luiza Lobo (trad., seleção e notas). Porto Alegre: Mercado Aberto, 1987. p. 208-13.

MILL, John Stuart. O Que é Poesia? Paulo Galvão e Roberto Acízelo de Souza (trad.). In: SOUZA, Roberto Acízelo de (org.). *Uma Ideia Moderna de Literatura: Textos Seminais para os Estudos Literários – 1688-1922*. Chapecó, SC: Argos, 2011. p. 145-54.

SHELLEY, Percy Bysshe. Defesa da Poesia. In: WORDSWORTH; PEACOCK; SHELLEY. *Poética Romântica Inglesa*. Alcinda Pinheiro de Sousa e João Ferreira Duarte (org., trad. e notas). Alcinda Pinheiro de Sousa (introd.). Lisboa: Materiais Críticos, 1985. p. 123-67.

_____. *Defesa da Poesia*. 3. ed. J. Monteiro-Grillo (trad.). Lisboa: Guimarães, 1986[1957].

_____. Defesa da Poesia. In: *Teorias Poéticas do Romantismo*. Luiza Lobo (trad., seleção e notas). Porto Alegre: Mercado Aberto, 1987. p. 220-44.

_____. Defesa da Poesia. Munira H. Mutran (trad.). In: CHIAMPI, Irlemar (coord.). *Fundadores da Modernidade*. São Paulo: Ática, 1991. p. 66-69.

_____. Uma Defesa da Poesia. In: SIDNEY, Philip (Sir); SHELLEY, Percy Bysshe. *Defesas da Poesia*. Enid Abreu Dobránszky (ensaio, trad. e notas). São Paulo: Iluminuras/Fapesp, 2002. p. 168-221.

_____. Uma Defesa da Poesia. In: SOUZA, Roberto Acízelo de (org., trad.). *Uma Ideia Moderna de Literatura: Textos Seminais para os Estudos Literários – 1688-1922*. Chapecó, SC: Argos, 2011. p. 111-31.

WORDSWORTH, William. Prefácio a "Lyrical Ballads", seguido de Apêndice ao Prefácio: Sobre a Dicção Poética. In: WORDSWORTH; PEACOCK; SHELLEY. *Poética Romântica Inglesa*. Alcinda Pinheiro de Sousa e João Ferreira Duarte (org., trad. e notas). Alcinda Pinheiro de Sousa (introd.). Lisboa: Materiais Críticos, 1985. p. 61-98.

_____. Prefácio às "Baladas Líricas". In: *Teorias Poéticas do Romantismo*. Luiza Lobo (trad., seleção e notas). Porto Alegre: Mercado Aberto, 1987. p. 169-87.

_____. O Transbordar dos Sentimentos. In: GOMES, Álvaro Cardoso; VECHI, Carlos Alberto (orgs.). *A Estética Romântica: Textos*

Doutrinários. Maria Antônia Simões Nunes (trad. textos alemães, espanhóis, franceses e ingleses) e Duílio Colombini (trad. textos italianos). São Paulo: Atlas, 1992. p. 70-73.

Estudos

Abrams, Meyer Howard. *The Mirror and the Lamp: Romantic Theory and the Critical Tradition*. New York: Oxford University Press, 1953.

Adams, Hazard. Percy Bysshe Shelley. In: _____. (ed.). *Critical Theory since Plato*. San Diego, CA: Harcourt Brace Jovanovich, 1971. p. 498-99.

Aristóteles. *Poética*. Eudoro de Sousa (trad., prefácio, introd., coment. e apêndices). Porto Alegre: Globo, 1966.

Brett-smith, Herbert Francis Brett. Introduction. In: Peacock's *The Four Ages of Poetry*/Shelley's *Defense of Poetry*/Browning's *Essay on Shelley*. Brett-Smith, H. F. B. (ed.). Boston, MA/New York, NY: Houghton Mifflin, 1921a. p. VII-XXV.

_____. Bibliographical Note. In: Peacock's *The Four Ages of Poetry*/ Shelley's *Defense of Poetry*/Browning's *Essay on Shelley*. Brett-Smith, H. F. B. (ed.). Boston, MA/New York, NY: Houghton Mifflin, 1921b. p. VII-XXV, XVII-XXXIII.

Carpeaux, Otto Maria. Capítulo III – O Pré-romantismo. In: _____. *História da Literatura Ocidental*. 2. ed. revista e atualizada. Rio de Janeiro: Alhambra, 1980, vol. 4 (Parte VI – Ilustração e Revolução). p. 913-1016.

_____. *História da Literatura Ocidental*. 2. ed. revista e atualizada. Rio de Janeiro: Alhambra, 1981. vol. 5 (Parte VII – O romantismo).

Coleridge, Samuel Taylor. *Poemas e Excertos da "Biografia Literária"*. Texto bilíngue. Paulo Vizioli (introd., seleção, trad. e notas). São Paulo: Nova Alexandria, 1995[1817].

Dobránszky, Enid Abreu. Elogio da Literatura. In: Sidney, Philip; shelley, Percy Bysshe. *Defesas da Poesia*. Enid Abreu Dobránszky (ensaio, trad. e notas). São Paulo: Iluminuras/Fapesp, 2002. p. 11-87.

FLAUBERT, Gustave. *Cartas Exemplares*. Carlos Eduardo Lima Machado (trad.). Rio de Janeiro: Imago, 2005[1852].

FOAKES, Reginald A. *Romantic Criticism: 1800-1850*. London: Edward Arnold, 1972[1968].

MILL, John Stuart. *Autobiography*. With an appendix of hitherto unpublished speeches and a preface by Harold J. Laski. London: Humphrey Millford/Oxford University Press, 1944[1873].

MONTEIRO-GRILLO, J. Introdução. In: SHELLEY, Percy Bysshe. *Defesa da Poesia*. 3. ed. J. Monteiro-Grillo (trad.). Lisboa: Guimarães, 1986[1957]. p. 7-29.

MUTRAN, Munira Hamud. Apresentação [a A Modernidade nas Literaturas de Língua Inglesa]. In: CHIAMPI, Irlemar (coord.). *Fundadores da Modernidade*. São Paulo: Ática, 1991. p. 61-64.

NOVALIS, Friedrich von Hardenberg. *Pólen: Fragmentos, Diálogos, Monólogo*. Rubens Rodrigues Torres Filho (trad., apres., e notas). São Paulo: Iluminuras, 2001.

SOUSA, Alcinda Pinheiro de. Romântico por quê? In: WORDSWORTH; PEACOCK; SHELLEY. *Poética Romântica Inglesa*. Alcinda Pinheiro de Sousa e João Ferreira Duarte (org., trad. e notas). Alcinda Pinheiro de Sousa (introd.). Lisboa: Materiais Críticos, 1985. p. 7-57.

SPALDING, Tassilo Orpheu. *Dicionário das Mitologias Orientais e Europeias*. São Paulo: Cultrix/ Brasília: Instituto Nacional do Livro, 1973.

VIZZIOLI, Paulo. O Sentimento e a Razão nas Poéticas e na Poesia do Romantismo. In: GUINSBURG, J. (org.). *O Romantismo*. São Paulo: Perspectiva, 1978. p. 137-56.

WELLEK, René. *História da Crítica Moderna*. Lívio Xavier (trad.). São Paulo: Herder, 1967a[1955]. vol. 2 (O Romantismo).

_____. John Stuart Mill. In: _____. *História da Crítica Moderna*. Hildegard Feist (trad.). São Paulo: Herder, 1967b[1955]. vol. 3 (A Transição), p. 135-39.

_____. O Conceito de Romantismo em História Literária [1949]. In: _____. *Conceitos de Crítica*. Stephen G. Nichols, Jr. (introd. e org.). Oscar Mendes (trad.). São Paulo: Cultrix, [197?]. p. 118-76.

WELLEK, René. Reexame do Romantismo [196-]. In: _____. _____.
São Paulo: Cultrix, [197?]. p. 177-95.

WIMSATT JR., William K; BROOKS, Cleanth. Terceira Parte. In: _____.
Crítica Literária: Breve História. Eduardo Lourenço (prefácio). Ivette
Centeno e Armando de Morais (trad.). Lisboa: Fundação Calouste
Gulbenkian, 1971[1957]. p. 409-658.

Você também poderá interessar-se por:

A heroína, Fílis, é alvo da paixão do pastor Dáfnis, que tudo faz para conquistá-la, sem sucesso. Quando, por fim, Fílis cede aos encantos amorosos do pastor, tudo indica que serão felizes. Então surge o deus Sol, que também se apaixona por Fílis, mas não pode se aproximar dela porque seu destino é estar sempre em movimento no céu. Com ciúme do amor do jovem casal, o Sol mata Dáfnis, e Fílis se dissolve em lágrimas. Depois de assistir ao sofrimento da amada, o Sol leva os olhos dela para o céu e os transforma em astros. Bela poesia pastoral publicada pela primeira vez em português, em edição bilingue.

Mais um belo livro de poesias de Cláudio Neves. Dividido em duas seções, a primeira (homônima ao título da obra) conta com 28 poemas curtos – sendo uma quintilha, uma sextilha, várias oitavas, nonas e décimas, além de alguns poucos textos formados por mais de dez versos. A segunda seção, intitulada "Escritos Fora Dela" (fora da livraria), reúne somente sete poemas da nova safra de sonetos do autor , atualmente um dos maiores cultores, em língua portuguesa, dessa clássica forma poética.

facebook.com/erealizacoeseditora   twitter.com/erealizacoes   instagram.com/erealizacoes

youtube.com/editorae   issuu.com/editora_e   erealizacoes.com.br

atendimento@erealizacoes.com.br